공감적 책읽기

공감적 책읽기

지은이   김기현

초판 1쇄 2007년 4월 16일

발행처   SFC 출판부
총 판   하늘유통(031-947-7777)
인 쇄   (주)독일인쇄

137-040 서울특별시 서초구 반포4동 58-5 2층
TEL (02) 596-8493   FAX (02) 596-5437

ISBN 978-89-89002-85-7   03230

값 8,000원

독자의 의견을 기다립니다.
www.sfcbooks.com

공감적 책읽기

김기현 지음

SFC

차 례

서문 6

제1장 '독서' 공감

나의 독서법 11

제2장 공감 하나 : 하나님을 보다

3호실의 죄수 27
아바의 자녀 32
잔인한 자비 37
신뢰 48

제3장 공감 둘 : 자녀답게 기도하다

광야의 은혜 61
아굴의 기도 66
주여, 기도를 가르쳐 주소서 71

제4장 공감 셋 : 영성은 살아 있다

주와 함께 달려 가리이다 87
디트리히 본회퍼의 그리스도 중심적 영성 91
죄와 은혜의 지배 100
통쾌한 희망사전 106

제5장 공감 넷 : 세상 가운데 서다

루이스와 톨킨 : 우정의 선물 119
가롯 유다로부터 온 복음 123
종교가 사악해질 때 128
마시멜로 이야기 131
누구인가, 나는 136

제6장 공감 다섯 : 세상에서 길을 찾다

헬라인에게는 미련한 것이요 149
포스트모던시대의 진리 152
완전한 진리 160
인도의 길을 걷고 있는 예수 176
이재철의 청년서신 188

서문

내가 보기에 현재 우리 그리스도인이 처한 영적 어려움과 그 원인을 빌립과 내시의 대화에서 찾을 수 있다. 행 8:30-31 "읽는 것을 깨닫느냐"는 빌립의 말에 내시는 말한다. "지도하는 사람이 없으니 어찌 깨달을 수 있느냐?" 하여 빌립을 청하여 그가 읽고 있는 말씀의 비밀을 발견한다. 언제부터인지 책 안 읽는 나라와 성경도 제대로 안 보는 교회가 된 지 오래다. 안타깝기 그지없다. 그나마 책을 좋아하는 신자들의 사정은 저 내시와 처지가 동일하다.

지도해야 할 신학자들이 처한 신학교의 현실은 사실 고단하고 팍팍하다. 그들은 상아탑 안에서 한편으로 아카데미즘을 추구하느라, 다른 한편으로는 신자유주의 시장 체제에서 점수가 될 만한 고급스러운 읽기와 쓰기에 전념하느라 읽기는 읽되 지도하는 이가 없어 깨닫지 못해 답답해하는 평신도들의 애달픈 심정을 돌아볼 마음의 여유가 없다. 최근 사정이 많이 좋아졌지만, 실력 있는 학자들의 분발을 기대한다.

반대로 평신도들은 시장의 논리와 메커니즘에 함몰되어 당장의 현실에 도움이 되는 실용서적과 경건서적으로 영적 갈증과 굶주림을 채우려하나 기실 사람이 먹지 못할 것으로도 배부르지 못한 탕자와 다르지 않다. 말씀 묵상은커녕 성경도 잘 안 읽는 이들에게 어렵고 딱딱한 책이 무슨 소용 있으리오. 히브리서는 "여러분은 단단한 음식물이 아니라, 젖을 필요로 하는 사람이 되었습니다"히 5:12라고 말한다. 평신도 사역자도 필요하지만, 평신도 신학자도 많이 배출되어야 하겠다.

이런 형편에서 나는 아카데미즘과 저널리즘, 전문성과 대중성을 동시에 갖춘 글쓰기를 하고픈 비전을 품고 있다. 오스 기니스의 소명은 내 소명과 일치한다. "내가 과거에 발견하여 성취하고자 노력해 온 소명 일부는 복음을 이 세상에 이해시키는 것(변증가로서)과 이 세상을 교회에 이해시키는 것(분석가로서)이었다. 나는 이 두 가지를 중간 수준으로, 즉 고도로 전문화된 학적인 지식과 평범하고 대중적인 사고 사이의 중간 수준으로 해 내려고 노력해 왔다."「소명」, IVP, 129. 부디 바라기는 그리고 욕심을 부리자면, 이 책이 일반 평신도들이 읽고 있는 책을 지도하는 책, 책 권하는 책이 되기를 소망한다.

이 책은 나의 책 읽기와 글쓰기의 결과물이다. 책 제목을 "공감적 책읽기"로 한 데는 이 책의 전편격인 「공격적 책읽기」에서 예고했던 터라 자연스럽다. 아직도 우리 시대에는 본받지 말아야 할 것이 너무 많지만, 그래도 본받을 것도 그에 못지않다. 공격할 것도 그렇지만, 공감할 것도 부지기수다. 괴물과 싸우다보면 어느새 자신도 괴물을 닮는다. 변화의 한 과정에 공격이 없을 수 없지만, 시작과 마침은 공감이다. 이 공감은 머리로만 끄덕이는 것이 아니다. 마음에서 우러나야 하며, 마음과 실존을 통과한 것이라야 한다. 나와 무관한 글쓰기가 무슨 소용이 있겠는가?

솔로몬은 "책을 쓰려면 한이 없는 것이니, 너무 책에 빠지면 몸에 해롭다" 전 12:12, 공동고 말했다. 그러나 요한은 천사에게 나아가 두루마리, 곧 책을 달라고 요청하고 아예 통째로 먹어 버린다. 계 10:9-10 나는 이 책이 사람에게 해로운 책이 될 것인지, 집어 삼킬 만한 책이 되는지 그 진로를 뻔히 알면서도 겁도 없이 내 놓는다. 차마 자신하지 못하여 꼭꼭 숨겨둔 글들인데, 김성민 편집장님이 출판을 권유하였다. 김편집장님을 통해 글과 책은 다르다는 것을 알게 되었다. 글에 비해 너무 좋은 책으로 만든 그와 편집부 식구들의 정성에 수고에 감사를 전한다.

성도들의 기도와 가족들의 사랑이 있었기에 이렇게 책을 내게 되었다. 함께 교회의 동역자들이요, 매주 토요일 아침 새벽기도 마치고 훈련하는 우리 교회 리더인 '마을 공동체 촌장' 김성민, 김백천, 김무영 세 사람과 임종순 전도사님에게 감사드린다. 내게 세상과 독서를 공감하면서 읽도록 가르쳐 준 것은 우리 가족이다. 아내 이선숙, 아들 희림, 딸 서은에게 사랑을 전한다.

최근 나는 "성서는 사람을 만들고, 독서는 사람을 키운다"는 문장을 얻었다. 우리 한국 교회와 성도들이 말씀을 들음으로 거듭나고, 독서로 성장하면 좋겠다. 단지 성서를 읽는 것이 아니라 아예 통째로 먹어버리기를, 좋은 책을 많이 읽어서 책의 깊이와 넓이, 높이만큼 자라가기를 바란다. 그리고 신학자들과 목회자들이 빌립처럼 깨닫지 못한 채 읽는 것에 급급한 이들을 찬찬히 도와주고, 모든 성도들은 내시처럼 깨닫고자 지도하는 이들을 찾고 배워야 하겠다. 그리고 나와 이 책도 또 하나의 빌립이 되기를 소망한다.

부산 수정동에서 김기현 목사

1장
'독서' 공감

나의 독서법

나의 독서법

　나는 책을 좋아한다. 시쳇말로 책이라면 환장을 한다. 얼마 전, 오랜만에 대전에 사는 처남 집에 들렀다가 내가 좋아하는 역사학자 이덕일의 책이 있길래 눈독을 들이고 염치불구하고 달라고 했더니 쾌히 건네준다. 내가 보지 못했던 다른 책까지 덤으로 말이다. 이리도 책 욕심이 많아서 빌린 책은 못 본다. 꼭 사서 봐야 직성이 풀린다. 그러다보니 책이 내 목양실을 가득 채우고 꽂을 자리가 없다. 그런데도 꾸역꾸역 사들인다. 그런 나를 두고 장모님께서는 "김 서방은 아직도 살 책이 있대?" 하신다.
　내게 책 읽는 법을 가르쳐 준 분은 없다. 그냥 책이 좋아서 읽다보니 내 나름대로 터득한 것이다. 그러니 내가 권하는 방법이 다 옳다고 볼 수만은 없다. 그저 책을 좋아하는 한 사람의 방법이 가려서 들으면 될 것이다. 나중에 독서의 고수들이 책 읽는 법과 비교해 보니 고쳐야 하고 배워야 할 것도 많지만 그리 남다르지 않았다. 책을 좋아하면 책 읽는 법도 자연스레 체득하나 보다. 결국 길은 한 군데서 만나고 통하기 마련이다.

책 읽는 법에 관한 한 고전인 모티머 애들러의 「생각을 넓혀주는 독서법」멘토은 책을 읽기 전에 읽어야 할 책이다. 그는 책이란 무턱대고 읽는다고 되는 것이 아니라 요령이 있다고 말한다. 그의 지도를 받으면 책 읽는 기량이 부쩍부쩍 늘어날 것을 확신한다. 백문이 불여일견이라고 했다. 보다 체계적인 독서 방법론은 그 책을 적어도 두 세 번은 찬찬히 읽어 보기를 바란다. 다만, 여기서 독서의 기술이라고 할 것까지는 없는 그저 나 자신의 몇 가지 책 읽는 개인적인 습관에 대해 몇 자 적어 볼까 한다.

첫째, 정독과 다독(혹은 속독)을 병행한다. 책을 빨리 또는 천천히 읽는 것 중에 어느 쪽이 더 좋은 것인지는 정해진 규칙은 없다. 사람의 기질에 따라, 책의 종류에 따라, 상황에 따라 얼마든지 달라질 수 있다. 어떤 이는 책을 빨리 읽지 못한다. 아주 천천히 읽는다. 그래서 많이 읽기보다는 깊이 읽는다. 반대로 정독을 답답해하는 사람도 있다. 그래서 얼른 읽고는 덮어버린다. 금세 다음 책을 찾아서 읽는다. 정독은 책의 정신과의 만남을 통한 인격적 성숙과 통찰을, 속독은 정보를 목적으로 삼고 읽는다. 어떤 목적으로 읽느냐에 따라 독서 방법이 달라질 수 있다.

우리 집 아들은 후자의 경우에 해당한다. 책을 워낙 좋아하는 탓에 지역 도서관이나 학교 도서관에서 수십 권을 한꺼번에 빌려주면 그 책을 다 읽고 싶어서 후다닥 읽는다. 사실 읽는다기보다는 읽어치운다는 표현이 더 어울린다. 그러고는 읽고 또 읽고 한다. 그러나 보니 내용 이해나 파악을 잘 못하고 건성으로 읽는 것이 아닐까 걱정이 되서, 자주 천천히 읽으라고 잔소리 아닌 잔소리를 하게 된다.

그래서 한번은 물어보았다. "얘, 희림아, 너는 책 읽는 게 좋니? 재미있니?" 그러자 얼른 대답한다. "그럼요." 그 다음부터는 천천히 읽으라고 재촉하지 않는다. 왜? 좋아하니까, 반복해서 읽으니까. 문제는 책을 읽지 않는 것이다. 정독하든 속독하든 그것은 각자의 기질과 습관에 맡겨도 좋을 듯싶다.

사실 그런 아들의 모습은 아빠인 나의 뒷모습을 보고 배운 것인지도 모른다. 내가 아들을 닮아서(?) 책을 빨리 읽는 편이다. 아이에게 천천히 읽으라고 권하는 것은 속독보다 정독이 더 좋은 독서 습관이라는 것을 경험적으로 체득했기 때문이다. 이것저것 많이 아는 것 같지만 정작 소화한 지식이 적은 것은 그만큼 깊이 그리고 천천히 읽지 못한 탓이다.

이런 문제점을 인식한 다음부터는 정독하려 했지만, 성미가 급한 탓에 이도저도 안 되었다. 해서 두 번 혹은 세 번 읽기로 방향을 틀었다. 그 방법은 간단하다. 아래에 언급하겠지만 책을 읽으면서 줄을 긋거나 표시한 것, 메모한 것을 중심으로 훑는다. 그러면 책의 핵심과 중요한 내용, 저술이나 설교에 인용할 것이 정리가 된다.

다독이냐 정독이냐는 사람의 성격도 중요하지만, 그 책이 어떤 책인가에 따라 다르다. 책 중에는 몇 번이고 반복하면서 천천히 깊이 읽어야 할 책이 있는가 하면, 일부분이나 가볍게 읽을 것도 있다. 예컨대 나는 신학과 경건 서적은 천천히 읽는 편이지만, 소설이나 역사 관련 서적은 상당히 빨리 읽는다. 전자에 비해 대충 읽는다고 해도 과언이 아니다. 만약에 그가 소설가나 역사가 혹은 소설이나 역사에 관심이 많은 그리스도인이라면, 나와 정반대로 독서할지도 모르겠다. 소설책이나 역사서를 천천히, 반복적으로, 그것도 많이 읽을 것이다.

다음으로는 상황에 따라 다르다. 나는 기독교 세계관과 하박국서를 중심으로 고난의 문제와 의미, 그 신비에 관한 책을 준비하고 있다. 이 와중에도 그 주제와 관련 없는 여러 가지 책을 병행해서 읽는다. 설교

준비를 위해서도 그렇고, 본래 책 욕심이 많은 탓도 있고, 무관해 보이는 책을 읽으면서 의외의 통찰이나 정보를 얻는 경우가 많기 때문이고, 머리를 식히기 위해서도 그렇게 한다. 이럴 때 집필 외의 책은 당연히 빨리 읽거나 대충 읽는 쪽을 선택한다. 그리고 저술을 위해서는 부분 발췌해서 읽기도 한다.

그리고 서평을 쓰기 위해서 읽는 책은 적어도 세 번 이상 정독을 한다. 무려 여덟 번까지 읽은 적도 있다. 책의 내용과 흐름이 머릿속에 선명하게 그려질 때 까지 읽는다. 서평 쓰기의 목표는 저자도 내 관점에 동의하지 않더라도 충분히 공감하고 수긍하는 것이다. 그러기 위해서는 저자에 버금가는 집중력으로 독서해야 한다. 그러나 설교를 위해서는 빨리 읽는다. 설교자로서 적절한 정보나 예화, 통찰을 얻기 위해서 많이 읽는 것이 필요하다.

둘째, 인물 중심으로 독서한다. 저 많은 책에서 어떤 책을 골라야 하는가를 많은 이들이 묻는다. 나는 한 사람을 집중적으로 읽는 것을 가장 많이 추천한다. 어떤 책을 읽어야 할지 좋은 책 분별에 자신이 없거나 지도하는 사람이 없다면 권위와 신뢰를 확보한 작가의 책을 한 권씩 구입해서 꾸준히 독파하면 큰 유익을 얻을 수 있다.

신학 공부할 때에 좋아했던 학자들은 철학에서는 특히 비트겐슈타인과 키에르케고르, 신학에서는 칼 바르트와 존 요더 등이다. 지금은 목회자로서 학문과 실용 사이에 있는 레슬리 뉴비긴, C. S. 루이스, 존 스토트, 진 에드위드, A. W. 토저, 필립 얀시, 유진 피터슨, 로날드 사이더, 헨리 나우웬, 리처드 포스터, 이재철, 조호진 등의 책이라면 바로 읽지 않더라도 사 둔다.

전기 읽기가 내 독서 목록에 중요한 자리를 차지하게 된 사연이 있다.

나는 비교적 일찍 아버지를 잃었다. 그런 탓에 아버지 부재가 내 영혼과 삶에 커다란 흔적을 남겼다. 그 복잡다단한 내 심경을 한 마디로 표현한다면 아버지에 대한 갈망이 내 내면에 깊이 자리하고 있다. 그런 까닭에 지성사에 큰 족적을 남긴 멘토들을 내 인생의 아버지로 삼고 싶었던 것이다.

한번은 박사 과정 중 세미나 시간에 있었던 일이다. 지금도 나는 그때 무슨 말을 했는지 모르는데 지도교수님 왈, "김군은 갈수록 비트겐슈타인처럼 말한단 말이야." 내가 한 말이 '비트겐슈타인과 별 상관없는 말인데'라고 속으로 생각했던 기억이 있다. 어쩌면 그만큼 내가 비트겐슈타인처럼 생각하고 말하고 있기에 나 자신도 의식하거나 깨닫지 못했던 것이다.

그리고 나의 박사 학위 논문의 한 장이 "이야기 신학"Narrative Theology에 관한 것이다. 이야기가 무엇인지 그리고 왜 신학의 담론에 중심에 들어오게 된 것인지는 복잡하니 열외로 하자. 소설이나 시와 같은 양식과 장르도 포함되지만, 여기서 이야기는 자서전이나 전기를 가리킨다. 성경 이야기가 단지 과거 애굽이나 팔레스타인, 바벨론, 로마에서 있었던 박제화된 과거나, 성경에 문자적으로 기록된 죽은 글이 아니라 지금 여기서 그대로 살아낼 수 있는 이야기다. 그런 제자야말로 성경의 진리와 진실을 증언한다. 과학적인 증거, 역사적 사실, 논리적 일관성 못지않게 예수 이야기를 지금 여기서 살아내는 사람들의 이야기가 성경을 증거 하는데 훨씬 유용하다.

내 개인의 경험이나 학문적 이력이 인물 중심의 독서로 이끌었고 그것은 내게 많은 유익을 주고 있다. 요즘 어디가나 리더십에 관한 많은 말을 듣는데, 리더십이란 곧 리더에 관한 이야기일 터. 전기나 자서전을 읽는 것이 최상이다. 하여간에 전기와 인물 독서의 유익에 관해서는 백금산 목사님의 책, 「신앙 전기를 읽으면 하나님의 일하심이 보인다」 부흥과개혁사를 참조하기 바란다. 좋은 책이니 일독을 권한다.

셋째, 닥치는 대로 읽는다. 나는 대학생이나 신학대학원에 다니는 이들에게 닥치는 대로 읽으라고 조언한다. 손에 잡히는 대로, 눈에 띄는 대로 가리지 말고 많이 읽으라고 한다. 그렇게 읽다보면 언젠가 말과 글로 드러나기 마련이다. 이렇게 먼저 다독을 권하는 것은 말과 글이 빙산의 일각이라면, 읽기는 수면 아래의 빙산에 해당하기 때문이다. 그 만큼 많이 읽은 연후에야 읽은 티가 나서 괄목상대할 수 있게 된다.

중국의 문장가인 구양수(歐陽修, 1007~1072)가 좋은 문장의 비결로 든 3다(多), 곧 많이 읽고, 많이 쓰고, 많이 생각하는 것에서 그 순서를 유의할 필요가 있다. 우선 많이 읽는 것이 중요하다. 많이 읽어야 쓸 수 있고, 생각도 하게 된다. 읽은 것이 없으면 쓸 말도 없거니와 생각할 거리는 더더군다나 없다. 무엇을 쓰고 무엇을 생각해야 할지 그 방향과 내용을 채워주는 것이 바로 독서이기 때문이다. 읽는 것에 그치는 것도 문제이지만 어쨌든 출발은 독서다. 그래서 나도 마구잡이로 닥치는 대로 읽었다. 신학대학원 다닐 적에 사회과학은 물론이거니와 시와 소설, 영화도 두루 두루 섭렵하려고 애썼고 즐겨 보았다.

만사가 그렇듯이 먼저 자신에게 흥미가 있고 좋아하는 책을 읽어야 독서에 재미를 붙이게 된다. 초등학교 다니는 두 아이에게 만화를 읽힐 것인지 말 것인지를 심각하게 고민한 적이 있었다. 여기서 만화란 소위 교양 만화, 학습 만화를 말한다. 만화로 된 과학이나 수학, 역사책들 말이다. 예전과 달리 만화의 질과 내용도 좋아졌기 때문에 무방하다는 쪽도 있었고, 만화를 좋아하게 되면 그림이나 삽화가 없는 책을 아이들이 읽기 힘들어 하니 읽게 하지 말라는 분들도 있었다.

예전에 논술 강의를 한 적이 있었다. 한 아이가 다른 과목 성적은 형편없는데, 국어는 다른 과목에 비해 좀 낫고, 논술은 다른 친구들과 견주어도 뒤지지 않았다. 하도 신기해서 한번은 물어 보았다. "너 책 좀 읽니?" 그러자 돌아오는 말이 별로 안 읽는단다. 그러면서 무협지는 안 읽은 책이 없고, 가게 주인이 가게를 자기를 믿고 맡기고 나갈 정도라고 했다. 그 아이의 논술 실력은 어떤 형태로든지 책을 읽은 것의 결과였던 셈이다. 그래서 만화를 장려하지는 않지만 굳이 금하지 않는다. 하여간에 많이 읽으면 글쓰기도 잘 하게 되고 생각도 깊어지고 반듯해 진다는 것이 내 경험이다. 읽고 또 읽으라. 세상에 읽을 책이 너무 많다.

넷째, 주제별로 읽는다. 나는 대학 4년을 이렇게 정리한다. 술, 돌, 책. 학생 운동한답시고 열심히 뛰어 다니느라 데모도 많이 했고 그러다보니 술도 그럭저럭 많이 마신 것 같다. 그러면서도 틈나는 대로 그리고 전공은 밀쳐두고 철학과 사회과학 서적류, 그 중에서도 한국 근현대사 분야를 좋아해서 즐겨 읽었다. 그리고 신학해서 학자나 목사가 될 소명을 품고 있었으므로 신학 관련 책도 부지런히 탐독했다.

그러다보니 내 책상 위에는 전공과 영어 외에 적어도 다섯 분야의 책이 항시 꽂혀 있었다. 신학, 철학, 역사, 문학, 경제학이었다. 그런데 지금도 그렇지만 돈과 셈하는 것이 영 젬병인지라 끝내 경제학과 경제사는 많이 읽지 못했다. 지금도 아쉬운 부분이다. 처음 도서관에 오면 책을 모두 올려놓고 먼저 QT를 한다. 그 다음부터는 한 권씩 꺼내 읽기를 시작하는데 대략 시간으로는 1시간 정도, 분량으로는 1-2장 정도를 소화한다. 그 사이에 머리도 식힐 겸 시나 소설 같은 문학 서적을 읽곤 했다.

그때부터 지금까지 기억나는 몇 가지 주제 별 읽기로는 기독교 세계관, 하나님 나라, 한국교회사, 악의 문제, 기도, 사회 참여, 평화주의, 포스트모더니즘 등이 있다. 먼저 읽을 주제를 정하고 적어도 10권 이상을 읽는 것을 목표로 한다. 그렇게 10권 이상을 읽다가 보면, 그 주제에 대한 다양한 시각들과 차이를 알게 되고, 그 분야에 관한 기초적인 정보와 식견을 얻게 된다. 동일 문제에 대한 것이므로 읽는 중간에 여러 저자들이 인용하는 책들은 중요한 책이므로 따로 적어 두었다가 찾아서 읽는다.

그런데 그 많은 책 중에서 어떤 책을 먼저 읽어야 하는지를 곧잘 묻는다. 사실 어떤 책부터 순차적으로 읽을 것인지에 대해 그 누구도 정답을 갖고 있지 않다. 나의 경우는 전기와 역사를 읽는다. 모든 분야에서 최고의 입문서이자 완결서는 역사서이다. 선정한 주제에서 제일 먼저 그리고 맨 마지막에 다시 한 번 읽어야 할 것이 역사다. 이런 독서는 관심 분야에 대한 지식을 체계적으로 정리해 준다. 그리고 전기는 딱딱한 주제라 하더라도 재미를 주고 생생한 지식을 얻게 해 준다.

판단이 서지 않을 경우에는 아무 책이나 손에 잡힌 책을 읽을 수밖에 없다. 그래도 좋다. 독서란 마치 고구마를 캐는 것과 같다. 아무 줄기를 하나 잡아당기면 결국 서로 연결되어서 줄줄이 사탕처럼 고구마를 수확할 수 있다. 아무 책이라도 한 권을 읽게 되면 그 책을 통해서 다른 책과 중요한 저자를 소개받게 되어 있다. 이것이 못내 미심쩍다 싶으면 좋은 선배나 전문가에게 묻는 것도 한 방법일 것이다.

다섯째, 줄긋기와 여백에 메모를 하면서 읽는다. 나는 특이한 습관이 하나 있는데, 책을 읽을 때 반드시 붉은 색 펜과 연필, 그리고 자가 없으면 괜스레 마음이 안정이 안 되서 책 읽기가 힘들다. 간혹 이런 보조물이 없으면 책 읽을 맛이 나지 않는다. 할 수 없이 두고 온 필통을 가지러 발품을 팔게 된다. 책을 읽어나가면서 중요도에 따라 연필로, 그 다음은 붉은 색 펜으로, 그리고 형광펜을 사용한다. 혹은 별표를 그려 넣기도 한다. 별의 개수만큼 중요한 부분이다. 그리고 서평을 쓰기 위해 읽을 때는 인용할 쪽에 포스트잇을 붙여 둔다. 이런 도구들은 집중력을 높여주고, 내용 파악을 도와주고, 자료 활용을 용이하게 해 준다.

그리고 여백을 이용해서 메모를 항상 한다. 중요한 개념이나 논지, 그리고 흐름 관계를 한 두 단어로 쓴다. 그리고 찬반 표시도 하고, 본문이 주는 영감을 적거나, 저자의 생각을 내 말로 표현하기도 한다. 예를 들면, 저자가 질문을 하고 대답을 하면 질문은 Q, 대답은 A로, 은혜가 되는 문장 옆에는 'Amen'을, 중요한 개념은 동그라미나 네모로 그 단어에 표시를 하고, 저자의 논리적 흐름을 파악하기 쉽게 중요한 단어를 써 둔다. 근거, 증거, 예(例), 반론, 입장 등과 같은 단어를 본문 옆에 적어두면 나중에 다시 읽을 때 내용을 파악하는데 훨씬 편리하다. 그리고 집중력도 높여서 읽는데 단연 효과적이다.

메모의 가치는 무엇보다 저자와의 대화에 있다. 독서는 저자만의 일방적 강의도, 독자 임의적인 해석이나 재단이 아니다. 독서는 상호간의 소통이자 만남이다. 성경은 문자가 아닌 성령으로 읽어야 한다고 했다. 문자는 대화를 할 수 없지만, 성령은 교통, 즉 상호 소통케 하시는 하나님의 영이다. 비록 메모가 성령과는 별 상관이 없지만, 우리의 이성과 노력을 다해 저자와 책을 그저 죽은 문자 더미로 만들지 않고 살아서 내게 말을 걸고, 나 역시 말하게 하는 유용한 방편이다. 그래서 간혹 지난 날의 기록을 보면서 '내가 이다지도 형편없었다니' 라며 탄식도 하지만, '내가 이런 생각도 다 하다니' 라는 탄성도 하게 된다.

그런데 이런 나의 책읽기 습관이 종종 핍박(?)을 받곤 한다. 우리 집 두 아이는 내 책을 보고는 아빠는 왜 이렇게 책을 더럽게 보느냐며 타박한다. 아들이나 딸은 교회 도서관 책을 다른 친구들이 험하게 보는 것이 이해를 하지 못한다. 한번은 둘째 서은이가 교회 동생이 바닥에 놓인 책을 피해가지 않고 밟고 지나갔다며 나무라는 것을 보았다. 첫째 아이는 책이 찢어질까 완전히 펴지 않고 반쯤 펴서 본다. 왜 그렇게 하느냐고 하면 책이 소중하기 때문이란다. 그런 아이들이니 나라고 예외는 아닌 것이다.

이런 말이 있다. "성경책의 깨끗함은 양심의 깨끗함과 반비례한다." 성경을 많이 읽어서 낡았다면 그만큼 그의 양심은 반대로 깨끗할 것이고, 한 번도 제대로 읽힌 적이 없는 성경이라면 그의 마음은 깨끗한 성경과 반대라는 말이다. 이것은 일반 독서의 경우에도 그대로 해당한다. 도서관이나 남의 책을 빌린 경우가 아니라면, 책에다 부지런히 줄을 긋고, 여백에 메모하고, 형형색색의 포스트잇을 붙여가면서 읽으면 그의 성품과 지식이 쑥쑥 자라날 것이다.

여섯째, 책을 항상 들고 다닌다. 대개 차를 운전해서라도 갈 수 있는 곳이더라도 되도록이면 대중교통을 이용한다. 이는 기름값을 절약하고 환경을 고려하는 것도 있지만, 그 본심은 책을 한 자라도 더 볼 요량으로 그렇게 하는 것이다. 지하철을 타면 기본적으로 20-30분 이상의 시간이 소요된다. 그렇다면 왕복 시간은 1시간이 얼추 된다. 이 시간에 분량이 작거나 내용이 가벼운 책을 골라서 들고 나간다.

이때 좋은 책이 소책자들이다. 분량이 많고 두꺼운 책은 소지하기도 불편할뿐더러 그만큼 내용도 어렵다는 말이 되므로 가급적이면 피한다. 자투리 시간에는 좀 가벼운 책이 좋다. 수십 쪽에서 많아도 백 쪽 이

하인 이 책들은 그 시간 동안이면 얼추 다 읽을 수도 있다. 그리고 예전에 읽었던 책 중에서 한 권을 갖고 나간다. 줄을 친 곳이나 메모 등을 중심으로 한번 훑어보게 되면 예전의 감동이나 중요한 통찰력이자 정보를 얻게 된다.

오직 생각하는 백성이라야 산다고 했다. 무엇을 위해, 왜 살아야 하는지도, 그 결과도 예견할 수 없으면서도 끝없는 무한 속도 경쟁에 내몰리는 지금 독서를 통해 조금은 천천히, 하지만 제대로 된 한 걸음을 내 딛는 것이 중요하다. 생각하는 데는 독서만한 것이 없지 않은가. 독서와 관련해서 가장 좋은 명언은 요한 웨슬리의 것이다. "한 권의 사람, 만 권의 사람." 그러니까 웨슬리를 만든 것은 하나님의 은혜와 어머니의 신앙과 함께 한 권의 책인 성경의 묵상과 만 권의 독서였던 것이다. 오직 한 책인 성경에 미친 사람, 만 권의 책에 파묻힌 또 한 사람의 웨슬리가 많아져서 교회가 부흥하고, 이 백성이 사는 날을 기다려본다.

함께 읽을 책

| 생각을 넓혀주는 독서법

모티머 애들러 / 멘토 / 2000

책 읽는 법에 관한 한 이 책과 견줄 책이 없다. 단연 압도적이다. 자기 생각을 논리 정연하게 말하고 글로 표현할 줄 모르는 현실을 개탄하던 이 대학자가 근본 원인이 다른 것이 아니라 책 한 권 바로 읽지 못한 데 있다고 판단하고 작심하고 쓴 책이다. 요즘 논술 열풍이지만 독서가 뒷받침하지 않는 모든 글쓰기는 모래 위 세운 집에 지나지 않는다. 모든 학문의 기본은 모름지기 독서이므로, 그 독서 기술을 잘 전수하면 생각하기와 글쓰기도 자연 동반 성장하기 마련이다.

이 책의 장점은 뭐니 뭐니 해도 수준별 혹은 단계별 독서법에 있다. 그는 세 가지 독서 방법을 알려 준다. 책 전체를 이해하는 방법인 개관 독서법, 책의 세부 내용을 파악하는 분석 독서법, 그리고 다른 책과 상호 비교하면서 책을 읽는 종합 독서법이다. 또 한 가지 방법은 공부 분야의 차이에 따른 책읽기다. 책의 종류 예킨대, 인문학과 자연과학, 철학과 수학, 실용서적에 따라 읽는 방법을 달리해야 하며, 그 실전에 사용할 수 있는 유용한 기술을 제공하고 있다. 책을 읽기 전에 읽어야 할 책 중의 책, 바래지 않을 독서의 고전, 실전에 유용한 교본, 옆에 두고 뒤적거려야 할 교과서란 말이 하나도 아깝지 않은 그런 책이다.

| 삶을 변혁시키는 책읽기

한기채 / 두란노 / 2001

　이 책은 윤리학자다운 책읽기의 목적과 방법을 소개해 준다. 책을 읽으면 삶이 변화된다. 독서의 목적은 정보의 축적이 아니라 자기 변화다. 독서의 결과는 내가 무엇을 알게 되었는가라는 것 못지않게 내가 어떻게 변했는가에 있다. 자신을 변화시키기 위해서 글은 세례, 성찬, 육화되어야 하며(2부), 한 권이라도 그 내용을 꿰뚫어야 한다는 것(3부), 그리고 책 읽는 바른 습관(4부)에 대해 따뜻한 안내를 받을 수 있다. "책 읽는 방법을 알고 싶다면 이 책을 한번 꼭 읽어 보라"고 감히 말하는 이 책 저자의 말마따나 꼭 한번 이상은 읽을 가치가 있다.

| 책 읽는 방법을 바꾸면 인생이 바뀐다

백금산 / 부흥과개혁사 / 2002

　평생 공부하는 목회자를 외치고, 실제 그 스스로가 그렇게 사는 백금산 목사가 독서법의 대강을 고맙게도 일목요연하게 잘 정리해 주었다. 이 책의 장점은 체계적인 정리 외에도 많다. 애들러의 책이 완벽에 가깝게 소화되어 있고 그 외에도 요한계시록, 청교도에 대해서 배울 것이 쏠쏠하다. 덤으로 동양적 책읽기와 동서고금의 독서광들의 일면을 엿볼 수도 있다. "가장 좋은 독서법이란 독서의 목적에 가장 잘 맞는 독서법"(13)이라는 이 책을 통해 자기 몸에 맞는 독서법을 배워 신앙과 인생이 확 바뀌기를….

2장
공감 하나_ **하나님을 보다**

3호실의 죄수
아바의 자녀
잔인한 자비
신뢰

3호실의 죄수, 요한은 예수 때문에 실족한다. 그가 그토록 기다렸던 분이 오셨는데 그 분이 메시아가 아니라면 그의 삶은 너무나도 비참하게 된다. 그의 일생 자체가 그 분을 위한 것이 아니었던가? 하나님으로 인해 실족하는 일이 우리에게 있다면 우리 또한 3호실의 죄수 요한을 닮았다. 그러나 다시 일어 설 수 있는 것은 결국 하나님이 흔들림 없이 당신의 위치를 지키고 계시다는 이야기 때문이다. 예수 그가 자신이 가야 했던 자신의 길을 감으로서 구속적 사역을 완성했듯이….

그럼에도 불구하고 우리는 때로 **아바의 자녀**로 우리 자신의 응집된 자아상을 잃을 때가 많다. 우리의 사랑하는 하나님 아버지의 자녀로서 우리가 가진 정체성은 하나님을 아바라 불렀던 예수의 정체성과 통한다. 그렇게 멀게 느껴졌던 하나님을 나의 곁에서 항상 함께 계셔서 신뢰의 눈빛을 보내 주시는 분으로 경험할 수 있다는 것은 우리가 담대할 수 있는 이유이다. 나의 정체성은 죄수가 아니라 아빠의 자녀이다.

그래서 때론 **잔인한 자비**와 같은 일들이 우리의 삶에 일어나더라도 영원한 사랑에 대해서 이야기할 수 있다. 죽음처럼 잔인한 사랑이 낯설게 느껴지더라도 그 분을 언제나 **신뢰**할 수 있다. 거짓된 신들과 거짓된 자아에 대한 의지로부터 먼 길을 떠나 다시 참된 진리의 시간에 평안을 찾을 수 있는 온전한 신뢰의 관계로 돌아 올 수 있다. 하나님을 향한 시선에 뜨거운 애정이 담긴다.

하나님 때문에 실족하지 않고
하나님을 믿는 법 _3호실의 죄수

| 하나님 때문에 실족하다

　우리를 고난으로 집어던지는 것은 많다. 광야 유혹처럼 먹고 사는 경제의 문제, 권력과 지배를 추구하는 정치의 문제, 성경의 이름으로 성경이 금하는 것을 탐닉하는 종교의 문제들이다. 유혹의 주체로 보면, 자신과 이웃, 그리고 사단과 하나님이다. 스스로의 잘못이나 이웃과의 오해, 혹은 악한 이웃은 고난을 유발한다. 그런데 사단이야 본래 사악한 원수이므로 시험한다지만, 여기에 하나님이 포함된 것은 곤혹스럽다. 쟌느 귀용이 첫째는 이웃, 둘째는 자신, 마지막은 하나님에 대해 참는 것이 영적 생활에서 가장 힘든 일이라고 하였거니와, 주님이 이다지도 모진 시련을 준다는 것은 도무지 믿기지 않는 불경스러운 말로 들린다.
　고난의 원천이 하나님인 까닭은 신앙 안에 있다. 우리는 선한 하나님의 주권과 섭리를 믿는다. 창조는 하나님이 만들지 않은 것이 존재하지 않는다는 뜻이고, 주권은 그의 지배가 미치지 않은 곳이 우주에는 없다는 말이다. 머리털 하나의 운명마저도 통치에서 한 치도 벗어날 수 없으므로 모든 고난은 하나님 안에 있다. "지금 이 비극은 우리 삶 속에 찾아오기 전에 먼저 하나님의 주권적인 손길을 거쳤다"(141).

설상가상으로 절실히 하나님이 필요할 때, 그분은 너무 멀다(81). 도움이 절박하여 다가간 우리의 면전에서 문을 쾅 닫아버리는 하나님을 향해 우리는 C. S. 루이스처럼 반문한다. "왜 그분은 우리가 번성할 때는 사령관처럼 군림하시다가 환난의 때에는 이토록 도움주시는 데 인색한 것인가?" 「헤아려본 슬픔」, 홍성사, 22. 이제야 욥과 하박국이 하나님을 향해 삿대질에 가까운 불평을 쏟은 것을 이해한다. 고통을 외면하는 하나님 앞에 우리 모두는 욥이 되고 하박국이 된다.

도저히 이해할 수 없는 하나님

이 책, 「3호실의 죄수」는 하나님 때문에 실족할 위기에 서 있는 세례 요한을 조명한다. 당신이 오실 그이인가를 묻는 요한에게 예수는 소경이 보며 앉은뱅이가 걸으며 귀머거리가 듣는다는 메시아 도래의 증거를 전달한다. 하지만 이 응답은 요한에게 더 큰 문제를 일으킨다(111-16). 메시아의 도래에도 불구하고 어떤 사람만 구원을 받고, 대개의 사람이 구원을 받지 않았다는 것, 나는 그 많은 사람에 속한다는 것을 경험할 때, 우리는 하나님을 의심한다. 한번 상상해 보라. 군중을 흩으시기 전, 단 일분이라도 더 계셨더라면 나음을 입었을 화상으로 데인 흉한 얼굴의 어린 소녀를 말이다. 그 아이는 치유받지 못한 첫번째 사람이었던 것이다(112). 그 아이가 나라면? 다음 순서가 병든 아기는 죽을 것이고, 간질을 앓는 소년이라면 평생 발작을 일으킬 것이고, 앉은뱅이라면 남은 평생 구걸해야 한다. 그렇다면 당신은?

예수가 메시아가 아니라면 요한은 더욱 고달프다. 임박한 메시아의 도래를 준비하도록 회개의 메시지를 전하는 것이 그의 사명이다. 그런데 지금 죽는다면, 그날을 예비하지 못했으므로 그의 인생은 오로지 헛되고 헛될 뿐이다. 삶이 실패가 아니라고 말해줄 증거는 보이지 않고, 예수의 메시아 진위를 알지 못한 채 죽어야 하는 3호실의 죄수, 요한은 예수 때문에 실족한다.

우리는 쉽게 1호실의 죄수처럼 사람 탓을 한다. 굉장한 정치적 영향력과 부를 소유한 헤롯의 친구 바르낙은 모든 슬픔을 오로지 한 사람, 헤롯에게 돌린다(75). 아니면 2호실의 죄수, 하느엘의 길을 걸을 수 있다. 이스라엘도 인정한 경건한 자에게 평생의 사랑과 헌신의 대가로 침묵하거나 고통을 주는, 동정심이라고는 눈곱만큼도 없는 하나님을 원망할 수 있다(79). 그러나 탓이 문제를 해결은커녕 미궁으로 몰아넣는다면, 어떡해야 하나?

| 모순인가 신비인가

우리에게 남은 선택은 하나님 탓을 하면서도 하나님으로 인해 실족하지 않는 것이다. 가능할까? 정답이 보이지 않고 되레 정답이 뒤틀려서 정답을 믿는 신자들의 당혹과 곤경을 정면으로 다루는 이 책은 어쩌면 실망만 안겨줄 것이다. 「세 왕 이야기」의 탁월한 이야기꾼, 에드워드가 그려내는 감동의 드라마, 「3호실의 죄수」는 산뜻한 해결을 주지 않는다. 이것이 이 책의 최대 값어치다. 다만 단 한 가지 명백한 진실 앞에 우리를 세운다. 하나님은 우리 기대와 달리 행하신다는 것이다(102). 사람들의 예견과 다른 방법으로 뜻을 이루는 하나님(130) 앞에 우리를 세운다.

그래도 어렴풋한 암시는 잡아낼 수 있다. "주권에 담긴 수수께끼"(98)가 바로 그것이다. 비극이 하나님의 손길을 거쳐 왔다는 것이 실마리다. 주권이 실족하게도 하지만 소망도 된다. 섭리를 믿지 않으면, 시련이 하나님에게서 온 것이라고 믿지 않을 것이고, 그러니 실망도 하지 않는다. 그러나 믿기에 우리는 미끄러져서 양시처럼 "하나님, 당신께 실망했습니다"라고 울부짖는다. 실족은 하나님에 대한 깊은 신뢰의 반영이다. 믿지 않으면 의심도 없고, 실족도 없다.

험한 풍파가 주의 뜻 안에 있다면, 그 풍랑 인연하여 더 빨리 간다. 찬송가 503장 진정 섭리를 믿는다면 둘 다를 받아들인다. 하나님의 선함과 사랑을 확신한다면, 고난은 위장된 축복이라는 것이 그저 상투적인 빈 말이 아니다. 내 기대대로 행하지 않지만 기대 이상으로 행하시는 하나님, 때로는 내 기대와 상반되게 행하시지만, 짧은 소견머리로는 도저히 헤아릴 수 없는 위대한 일을 성취하시는 하나님을 찬미한다면, 내 기대를 여지없이 꺾으시는 하나님으로 인해 실족만 할 수 있겠는가. 내 생각의 틀로 제한된다면, 그것은 애당초 하나님이 아니다. 우상이다.

하나님 때문에 일어서다

오늘도 많은 사람이 요셉을 갈망한다. 그는 구덩이에 던져졌지만 총리가 되어 구속사의 일익을 담당한 믿음의 선조이다. 하지만 동일하게 구덩이에 빠지고 끝내 인간적으로는 허망한 삶을 마친 예레미야도 있다. 스데반은 어떤가? 베드로와 다르지 않는 메시지에도 불구하고 그의 청중은 이를 갈며 원한에 가득 찬 돌을 힘껏 던진다. 모두가 요셉을 꿈꾸지만, 예레미야의 쓴 실패를 맛본다. 베드로는 적고 스데반은 많다. 그들도 구름같이 둘러싼 허다한 증인이요 하나님의 사람들이다. 그들은 고난과 실패 가운데 실족하기도 했지만 다시 우뚝 일어났다.

외견상 하나님 때문에 실족하리만치 신심 깊은 이가 드물어 보인다. 아니다. 말을 하지 않아 그렇지 하나님 때문에 한번쯤 실족한다. 그 실족 가운데 한 가지 도전적 질문에 대면한다. "당신은 도저히 이해할 수 없는 하나님을 따르겠습니까?", "당신은 당신의 기대대로 행하지 않으시는 하나님, 그분을 계속 따르겠습니까?"(134) 실족과 비약 사이에서 내가 어떤 응답을 할지 장담할 수 없다. 이 물음은 항상 현재 진행형이므로…. 다만 땅에서 넘어진 자 땅을 딛고 일어서라고 했다. 하나님 때문에 실족했으니 하나님으로 인해 일어서야 하리. "나로 인해 실족하지 않는 사람은 복이 있다."

「3호실의 죄수」 진 에드워드 / 서은재 옮김 / 좋은씨앗 / 2003

"아버지, 저예요. 저!"
_ 아바의 자녀

아버지를 잃다

나는 비교적 어린 나이에 아버지를 여의었다. 아버지 부재는 내게 커다란 상실감과 상처를 남겨놓았다. 아버지라 불리는 모든 것들에 대한 반항과 함께 그리움은 내 영혼 깊숙이 각인되었다. 거짓된 아비, 곧 우리 당대의 우상들에 대한 저항이 여기서 촉발되었고, 역으로 참 아비에 대한 집요한 갈망이 여기서 비롯되었다. 아버지 찾기의 흔적은 신앙과 독서 습관에 뚜렷하다. 하나님을 아버지라고 부르는 신앙의 세계로 나는 나를 깊숙이 밀어 넣었다. 간혹 닥치는 대로 읽기도 하지만, 주로 주제나 특정 한 인물을 집중적으로 읽는다. 그러니 독서란 내 정신적 허기를 채우는 수단이면서도 내 영혼의 스승을 찾는 순례인 셈이다.

남편 다섯이 있었으나 누구도 남편이 아니었던 수가성 여인처럼, 내가 몰두했던 모든 것들은 참 아비가 아니었던 것이다. 청소년 시절의 광적인 교회 생활, 대학 때의 열정적인 학생 운동, 신학교에서는 '공부하다 죽으면 순교다'를 외치던 무모한 학문에로의 헌신, 그 어느 것도 영혼의 만족과는 거리가 멀었다. 그것들은 참 아버지에게로 가는 길이기도 했지만 - 그러기에 나는 그때를 행복하게 추억한다 - 그 여정을 방해하는 훼방꾼이다. 그렇게 해서 얻은 레테르들은 나를 위장하는 그럴 듯한 포장지에 불과하다.

 예수를 만난 수가성 여인의 고백은 그 여운이 깊고 길다. "나의 행한 모든 것을 내게 말하였다."요 4:39 그토록 갈망해 마지않던 것을 예수 안에서 발견했다. 아니, 예수가 그 목마름의 실체였다. 그래서 그녀는 물동이를 버려두고 조소와 냉소를 머금고 바라보는 동네 사람들 앞에서 창피한 줄도 예수를 자랑한다. 그녀가 누구인지 말해 준 유일한 분을 말이다. 나는 예수로 인해 하나님을 아빠라고 부르게 된다. 나는 신을 만족시키기 위해 등이 휘어지도록 섬겨야 할 종놈이 아니라, 그분의 사랑에 만족하고 그 품에 안온하게 기대는 아들이다. 아들, 이런 나의 정체를 찾아주는 데 한몫한 것이 바로 브래넌 매닝이었고, 그의 「아바의 자녀」이다.

| 아버지를 만나다

 매닝은 아바의 자녀로 거듭나기 위해서는 나 아닌 것으로 자꾸만 도피하지 말라고 조언한다. 우리는 아바의 자녀라는 실상보다는 아담처럼 가장된 거짓된 자아 속으로 숨는다(1장). 그건 두려움 때문이다(2장). 자신의 실체가 자꾸 싫고 거북하기 때문이다. 자신과 함께 있는 것만큼 고역이 없으니 끊임없이 의미의 출처를 찾아 나 밖을 쏘다닌다. 타인에게 매달린다. 타인의 인정과 시선, 자신의 성취와 업적에 집착한다. 단 한 마디의 칭찬에도 우쭐대다가도 일말의 눈짓 하나에도 금세 오그라든다.

 진짜 내 모습은 "그리스도께 사랑받는 자"이다(3장). 비어 있던 내면이 온통 그분의 사랑과 긍휼로 가득하다. 혼자 있으면 외롭고 쓸쓸했으나 이제 사랑하는 분과 함께 있으니 행복하다. 침묵과 고독은 회피의 대상이 아니라 즐겁다. 이미 사랑받는 자이기에 하나님의 사랑을 얻어내려고 안간힘을 다할 필요가 없다. 오로지 부활하신 예수의 현존이 내 안에, 내가 그 안에 있기에 내 속의 거짓 자아는 멀찌감치 물러선다(6장).

 그러면 왜 우리는 사랑받는 자인가? 매닝의 답은 간명하다. 아바의 자녀이기 때문이다(4장). "아바의 자녀로서의 존엄성이야말로 내 가장 응집된 자아상이다"(74). 기독교 고유의 하나님 경험의 핵심은 아빠로서의 하나님이다. 신약학자인 요아킴 예레미아스에 따르면 이 세상에 존재하는 어떤 종교도 하나님을 아빠라고 부르지 않는다. 간혹 유대교의 경우처럼 '나의 아버지여'라고 부르기도 하지만 예수님의 경우처럼 "아빠"라는 칭호는 유일하다. 갓 언어를 배우는 아이처럼 우리는 하나님을 살갑게 "아빠"라고 부른다. 하나도 어색하지 않다. 아빠의 사랑은 무차별적이고, 무제한적이고, 무조건적이다. 아바의 자녀는 정죄와 미움이 판치는 세상에서 긍휼과 용서의 반문화적 생활방식을 산다. 사랑받은 자로 그 사랑을 살아낸다.

 그래도 교회 마당을 몇 년쯤 드나들었다면 우리가 하나님의 자녀라는 것쯤은 상식에 속한다. 자녀로 누리지 못하고 구걸한다. 하나님을 이방신처럼 인간의 공덕과 수고로 구슬리거나 달랠 수 있는 분으로 여긴다. 아니면 자신의 행위를 기반삼아 하나님을 협박하거나 타인 앞에서 자랑하기를 서슴지 않는다. 이것이 바로 무언가를 해야 은혜를 받는다고 믿는 바리새인의 전형적인 태도이다(5장). 그분이 주시는 안식일의 잔칫상을 제 스스로 마련하고자 마르다처럼 안달복달한다. 자녀로서 거저 주시는 하나님의 선물에 감읍하기보다는 거지처럼 그 선물을 어떻게 타낼까 골똘히 연구한다. 하나님은 그런 분이 아니다. 하나님은 "아빠"이지 "상전"이 아니다.

아바의 자녀로서의 정체성을 확립하는 것은 그리 녹록치 않다. 쉴 새 없이 위장된 자아를 받아들이도록 강요하는 목소리들에 저항하는 용기가 필요하고, 거짓 자아가 내 안에서 날마다 날뛰는 것을 보면서도 궁극적인 것을 주목하는 환상이 요구된다(8장). 날마다 조용히 그분의 품으로 뛰어 들어가 그 심장의 뛰는 박동소리를 들어야 한다(9장). 그 심장에서 내가 한 일이 아니라 그분이 내게 하신 일을 듣게 된다. "너는 내 사랑하는 아들이다"는 자애로운 음성을 듣는다. 끝내 "나는 아바의 자녀입니다"라는 고백을 하게 된다.

아버지를 알다

이 책은 같은 저자의 「신뢰」복있는사람와 함께 읽으면 참 좋다. 「아바의 자녀」가 자아에 초점을 둔다면, 「신뢰」는 하나님에 집중한다. 그는 우리가 하나님을 얼마나 오해하고 있는지를 보여준다. 임의로 주조한 신을 하나님으로 믿다가는 끝내는 그 신에게 버림받았다고 푸념을 늘어놓는 것이 어디 한두 번인가. 거짓 자아는 잘못된 하나님 인식의 산물이다. 하나님을 아는 지식과 자기 이해는 서로 연결되어 있어서, 하나님을 알지 못하고서는 자기를 알지 못하며 자신을 알지 못하고는 하나님을 알 수 없다는 칼빈의 말은 언제나 옳다.

  누군가 내게 누구냐고 물으면, 무엇보다도 목사라고 대답했었다. 하긴, 아직도 그렇다. 그러나 그것은 역할이지 정체가 아니다. 내가 하는 일이지 나 자신이 아니다. 하나님과의 관계가 나의 본질을 규정한다. 아바의 자녀이기에 목사이다. 마지막 날에 많은 사람들이 심판대 앞에서 자신이 한 일, 곧 선지자 노릇을 한 신분, 귀신을 축출하고 기이한 기적을 일으킨 사역을 말할 것이다. 그것은 모래 위의 집에 지나지 않는다. 불에 타게 될 허망한 것들을 줄줄이 나열한들, 심판을 피할 방도는 없다. 자신이 한 일로 하나님 앞에서 의를 주장할 사람은 아무도 없다. 우리가 만약 아바의 자녀라는 분명한 자아상을 확립하고 있다면, 그분 앞에서 자신이 한 일을 말하지 않고 자신이 누구인지를 말할 것이다. "아버지, 저예요, 저!"

 「아바의 자녀」 브래넌 매닝 / 윤종석 옮김 / 복있는사람 / 2004

가혹한 자비로 완성되는
고결한 이교도의 사랑 _잔인한 자비

| 사랑을 묻다

　이 책은 저자, 쉘던 베너컨의 자전적 기록이다. 여기 나오는 모든 사건과 사람들은 존재했던 것들이며, 말한 그대로의 실제 이야기이다(10). 어여쁘고 상냥하기 그지없지만 사별한 아내 진 데이비스와 나눈 지난날의 사랑 이야기, 옥스퍼드에서의 C. S. 루이스와의 만남, 하룻밤 사이에 모든 세계가 사라지는 돌연한 공포 가운데서의 회심, 잠깐의 행복한 시기를 지나면서 급작스럽게 들이닥친 아내의 투병과 죽음, 그리고 그 이후의 성찰이 눈부시게 아름답게 묘사되고 있다. 실제로 두 사람은 영원히 훼손되지 않는 성스럽고도 숭고한 사랑을 꿈꾸고, 실제 그런 사랑에 몰입한다. 나눔과 공유로 표현한 그들의 사랑은 일상의 모든 것을 함께 한다. 누가 먼저 죽는 것, 그것조차도 허락할 수 없기에 같이 죽기를 결정하는(74) 지독한 사랑이다.
　사랑만이 아니라 문체 또한 아름답다. 두 사람의 사랑이 더 애절하게

다가오는 것도, 그리고 아름다운 소설을 읽는 듯한 분위기를 연출하는 것도 저자의 뛰어난 문체와 예술적 감수성 때문일 것이다. 깨알 같은 글씨로 주석을 쓰고 각주에 각주를 다는 안경잡이 학자들이 시(詩)를 잊은 것이 아닌지 의심할 정도(117)로 문학을 사랑한 그의 이력이 그대로 녹아 있다. 중간 중간에 아내에게 바친 시와 소네트, 그리고 일기는 그의 문학적 실력을 너끈히 보여 준다.

나는 종종 멋진 문장을 구사하는 이들을 보면서 부러움과 함께 생각에 잠긴다. 과연 이 뛰어난 문장은 어디서 오는 걸까? 내가 내린 결론은 이렇다. 문장의 아름다움은 그들의 영혼의 아름다움, 순수함에서 오는 것이라고. 베너컨의 매혹적인 언어들이 뿜어내는 고결한 힘과 감동은 이 부부의 사랑을 전제하지 않으면 말장난이다. 현실을 담아내지 못하는 문장을 어디에 쓰겠는가? 여기에 더하여 「순전한 기독교」로 지난 20세기의 걸출한 기독교 변증론자의 반열에 오른 C. S. 루이스와 나눈 우정의 18편의 편지와 대화는 평범한 간증이나 수기의 차원을 훌쩍 뛰어넘는 격조를 선보인다.

그러나 이 책은 과거의 기록이 아니라 과거의 조명이다. 그러니까 저자는 과거의 사실을 엄밀성을 갖고 기록하는 역사가의 견지로 과거를 되짚는 것이 아니다. 그는 책을 쓰는 대신 과거를 반추한다(439). 사랑의 의미를 묻는다. 두 사람의 가슴 저미는 사랑 이야기를 축으로 그들이 꿈꾸었던 빛의 성채를 날줄로 삼고, 옥스퍼드에서의 회심과 아내의 투병과 사별에 대한 기독교적 시각으로 회고를 씨줄로 삼아 엮어낸 것이다. 그들의 사랑과 사별의 의미, 곧 그들에게 내린 가혹한 고통이 그들 자신에게 어떤 의미를 지녔는지를 묻는 작업이다.

사랑은 영원속에

베너컨은 아내의 사별을 반추하면서 그녀와 함께 성취하고자 한 빛의 성채를 깨뜨리신 그분의 섭리를 숙고한다. 그는 이 작업을 '과거의 조명'이라 명명한다. 살아남은 자가 감당해야 할 몫으로 그는 그것을 당연히 여긴다. 이 조명을 통해서 숭고한 이교도의 사랑이 그리스도 안에서 어떻게 부서지고 다시 완성되는지를 알게 된다. 그것은 고통 없이 이루어지는 일은 아니었지만, 그 고통의 값을 대가로 지불할 만큼 가치 있는 고통이다. 이 조명은 두 가지 방향에서 전개된다. 하나는 시간과 영원에 관한 것이었고, 다른 하나는 하나님의 영원한 자비에 관한 것이다. 이를 통해 둘의 사랑은 그리스도 안에서 완성된다.

먼저 시간과 영원을 보자. 시간은 하나님의 창조물이다. 시간이 창조물이기에 그 본성상 무(無)로 되돌아가 끝내는 죽음에 이르게 된다. 동시에 선한 하나님이 창조자이므로 부분적으로 그분의 영원성을 담지하고 있다. 우리가 동일한 시간대를 지내면서도 삶의 허무함을 체험할 수도 있지만, 하나님과의 관련 하에서는 의미로 충만한 시간으로 만들 수 있다. 동일한 한 사람이 불의의 병기도 될 수 있고, 의의 병기가 될 수 있듯이 시간 또한 영원 앞에서 한 점으로 축소될 수도 있지만, 영원에 다다르는 길목도 된다. 크로노스일 수도 있고, 카이로스일수도 있다.

사랑의 본성도 동일하다. 사랑은 그 자체로 영원하지 않다. 사랑 역시 유한하며 순간에 머물고 만다. 사랑이 그 아무리 아름답기로서니 인간의 것이기에 우리 인간에게 할당된 시간이라는 운명을 피할 수 없다. 사랑은 시작과 함께 종착지를 향해 달려간다. 그 마침표는 처음 만난 날의 그 아름다웠던 영롱한 눈동자도 세월과 함께 흐려지기 마련이다.

사랑마저도 시간의 범주에 갇혀있다면, 사랑은 무의미하고 덧없는 것인가? 그렇지 않다. 우리가 시간 속에서 영원을 보듯이 순간의 사랑은 영원한 사랑과 연결된다. 달리 말하면, 영원한 사랑은 찰나적인 사랑 가운데로 육화한다. 이로써 인간의 사랑은 그 일시성에서 구원을 받는다. "우리가 가장 사랑하는 순간들에는 아마 시간이 없을 것이다"(376). 마리아가 하나님을 잉태하는 성소(203)이듯이 우리의 진정한 사랑은 하나님의 사랑을 품는 성전이다.

이러한 깨달음은 C. S. 루이스에게서 배운 것이다. 루이스에게 기쁨은 자기 완결적 구조를 지니지 않는다. 기쁨 너머의 것을 지시한다. 열정을 갖고 열심히 추구하던 대상에게서 잠시나마 만족을 얻지만, 그것이 참되고 온전한 것이 아님을 깨달은 다음 우리는 시공간의 영역에서는 체험할 수 없는 대상에 의해서만 참 기쁨을 얻게 된다. 그리고 예전에 기뻐하던 모든 것은 진정한 기쁨을 지시하기 위한 방편이다. "이 모든 것을 생각하면서 나는, 사람들이 탐내는 모든 대상은 그것이 아무리 어둡고 집요한 욕망이라 할지라도 결국 처음으로 거슬러 올라가 보면, 기쁨의 유일한 근원이신 하나님께로부터 오는 기쁨을 어렴풋이 느낌으로써 시작되는 것이 아닐까 하는 인식에 이르게 되었다"(389).

아내와의 사랑이 가져다 준 행복과 기쁨은 그 사랑의 근원이신 하나님 안에서만 영원하다. 베너컨은 아내의 사별로 그만 끝나고 만 사랑을 지상의 사랑으로 끝나지 않고 천상의 사랑을 갈망하게 하는 사랑으로 자리매김한다. 그들의 사랑은 인간적 사랑으로부터 구제받고 하나님의 사랑으로 승화된다. 그들의 사랑은 끝나지 않는다. 그러기에 갑자기 비어 버린 방에서 데이비가 아직 여기 있다는 절대적인 앎을 온 몸으로 체득하게 된다(326). "데이비가 있다"(333). 죽었지만 여전히 존재한다.

그래서 우리는 루이스처럼 말할 수 있다. "그리스도인은 절대 잘 가라는 말 안 합니다"(230).

사랑은 죽음처럼 잔인하다

하지만 지상의 사랑이 하늘의 사랑으로 승화되기 까지는 반드시 거쳐야 할 여정이 하나 있다. 고통이다. 고통 없이 이 세상에서 얻을 것이라고는 하나도 없다는 평범한 상식이 다시 한번 힘을 발휘한다. 십자가 없이는 면류관도 없다는 복음 인식이 더욱 환히 드러난다. 사랑을 통한 지고의 기쁨은 언제나 크나큰 고통과 함께 온다(24). 그 기쁨은 고통을 감내하고서라도 누릴 만한 충분한 가치가 있다. 말하자면 고통이 없다면 기쁨도 없다. 기쁨은 고통을 통과할 때에 누릴 수 있도록 허용되었다. 그러므로 우리는 안전하지만 밋밋하고 어중간한 기쁨의 길과 고통과 함께 오는 기쁨 중에서 하나를 선택해야 한다.

여기서 하나님의 자비의 양면성이 드러난다. 자유의지는 인간을 가장 인간답게 하는 근본 조건이지만, 인간을 악과 범죄의 구렁텅이로 밀어 넣는 주범이다. 자유의지가 인간에게 없었다면, 오늘의 고통은 없다. 하지만 그 자유가 없었다면, 우리 인간은 동물이나 기계와 하등 다른 점이 무엇이 있겠는가. 본능과 충동을 따라 사는 것이 동물이 아니고 무엇이랴. 우리가 인간인 한에 있어서 자유는 필연적이지만, 그 자유는 위험하다, 고통을 수반하기에.

이 자유의 패러독스는 하나님의 자비에도 고스란히 반영된다. 죽음으로 자비를 베푸시니 잔인하고, 죽음으로 사랑을 이루시니 자비하다.

잔인하면 자비가 아닐 것이고, 자비라면 더욱 더 잔인하지 않을 것이다. 그러기에 베너컨도 인정한다. "누구나 쉽게 받아들일 수 있는 개념은 아니다"(396). 하지만 이 형용모순을 일으키는 이 단어 '잔인한 자비' 속에 자비의 본질이 숨어 있다. 잔인한 자비는 "몸서리쳐지는 신비다"(407). 그러면 어떻게 자비가 잔인할 수 있고, 잔인한 것이 자비가 될 수 있는가?

이 단어의 최초의 발설자는 C. S. 루이스이다. "당신은 잔인한 자비를 받은 것입니다. 당신은 결국 당신이 하나님을 질투했음을 보고야 말았습니다. (얼마나 빈번한 진실인지요!) 그리고 결국 그렇게 해서야 당신은 우리에서 다시 우리와 하나님에 이르렀습니다. 이제는 하나님과 우리에 이르는 과정이 남았습니다"(392). 루이스는 베너컨의 사랑 안에 은폐되어 있는 이기적 욕망을 보았다. 그 발단은 베너컨이 루이스에게 보낸 편지이다. 편지에서 자신들은 두 사람의 사랑을 영구히 지키고, 나눔과 공유를 약화시킬 수도 있다는 우려에서 아이를 갖지 않았다는 이야기를 했다. 그러자 루이스는 그들이 한 몸을 이룬 것의 목적이 무엇인지를 상기시킨다. 그리스도인들에게 남편과 아내가 한 몸을 이룬다는 것은 "그 자체만을 위한 삶"이 아니다. "그것은 하나님을 위해 그리고 (그분 안에서) 이웃을 위해 지어"(392)진 것이다. 그런 사랑을 계획한 이상, 루이스에 따르면 "그런 것은 어떻게 해서든 죽었어야 했습니다. 영원한 봄은 허락되지 않습니다"(392).

그런 사랑은 인간의 한계 밖의 것이기도 하거니와 참 사랑에 어긋난다. 하나님의 사랑을 반사하지 않는 잘못된 사랑은 교정되어 마땅하다. 이 지당한 말이 잔인한 까닭은 그 교정이 다름 아닌 죽음이기 때문이다. 오로지 그들 두 사람만을 위한 나눔과 공유는 죽어 없어져야 한다는 이 말이 참으로 잔인하기 짝이 없는 것은 그 죽음이 데이비의 죽음이기 때문이다. 서로 사랑했고 살기를 그토록 희망하는 연인에게 죽음이 자비로 보일 수 있겠는가?

베너컨은 자신의 사랑이 이기적이었음을 인정한다. "우리 사랑을 위해서는 최선이라 해도 우리 이웃에 대한 사랑과 의무에는 일치하지 않을 수 있기 때문이다. 그리고 빛의 성채에는 하나님께 결정적으로 도전하는 항목이 있었다. 최후의 급강하로 둘이서 함께 죽겠다는 단호한 의지"(398). 그녀의 죽음으로 자신들이 그토록 소중하게 여겼고 완벽하다고 여긴 그들의 사랑이 실상은 이기적인 사랑의 고상한 표현에 다름 아니라는 사실을 깨닫는다. 그리고 그 사랑의 완성을 위해 죽음마저도 공유와 나눔을 하겠다는 단호한 의지가 신의 의지를 대항한다는 것을 뒤늦게나마 인식한다. 그 사랑을 위해 그 사랑을 앗아간 하나님을 미워했을 뿐만 아니라 자신보다 하나님을 더 사랑하는 데이비마저도 질투했을 끔찍한 가능성을 보게 된다.

이제 그 가혹한 죽음마저도 자비로 다가온다. "그녀의 죽음을 통해서만 내가 하나님에 대한 질투를 끝낼 수 있었다 할진대, 우리 둘이 그토록 사랑했던 사랑이 그녀의 죽음을 통해서만 구원받았다고 할진대, 그녀의 죽음을 통해서만 내가 장차 영원하신 근원으로 눈을 돌리게 될진대"(407) 그녀의 죽음도, 하나님의 질투도 자비라고 고백하지 않을 수 없다. "그녀의 죽음으로 하나님께서 우리 사랑을 구하셨다면, 그래서 진정 그 사랑을 참되고 영원한 사랑으로 바꾸셨다면, 슬프고 외로워도 그것은 내게 고귀한 것이었다"(410). 그들의 사랑이 죽을 때에, 지상의 형태는 적어도 죽어야 참 사랑이 된다.

그러므로 그녀의 죽음으로 두 사람의 사랑이 깨어졌다는 점에서 하나님은 잔인하다. 하지만 그녀의 죽음으로 두 사람의 사랑을 완성하셨다는 점에서 하나님은 자비하다. 하나님의 자비의 잔인한 측면이 두드러져 보일 수 있다. "그러나 가장 나중까지 남는 것은 사랑이며, 이 사실을 이해하지 못한다면 세상없는 작가나 현자라 해도 지혜가 부족한 사람일 뿐이다"(303). 잔인할지언정 끝내 그 없이는 자비가 이루어질 수 없다는 사실을 믿음으로 인정할 때에 마지막까지 남은 것은 자비이며, 사랑은 하나님의 은총 아래서 완성된다.

「잔인한 자비」 쉘던 베너컨 / 김동완 옮김 / 복있는사람 / 2005

함께 읽을 책

| 목마른 내 영혼
알리스터 맥그래스 / 이종태 옮김 / 복있는사람 / 2005

| 하나님 얼굴을 엿보다
알리스터 맥그래스 / 최요한 옮김 / 복있는사람 / 2006

전통적으로 신학의 역사에는 두 가지 대립되면서도 양립하지 않으면 안 되는 입장이 존립하였다. 계시 신학과 자연 신학이다. 계시 신학이 그리스도 중심적이어서 성서와 역사를 중요시하고 얼마간 배타적인 성격을 지닌다면, 자연 신학은 신 중심적이어서 자연과 인간의 내면 속에 거주하는 하나님을 말한다. 따라서 계시 신학에 비해 훨씬 포용적인 자세를 취한다. 과도함을 무릅쓰고 구분한다면, 출애굽기와 구약의 역사서들은 계시 신학에, 시편과 지혜 문학서들은 자연 신학에 가깝다고 할 수 있다.

베너컨의 「잔인한 자비」는 자연신학의 전형에 해당한다. 두 사람의 일시적인 사랑 속에서 영원한 사랑을 포착하고, 한순간의 사랑을 영원으로 확장하는 것 말이다. 맥그래스의 두 책도 그런 패턴을 보여준다. 「목마른 내 영혼」이 깊고 깊은 인간의 내면에 집중한다면, 「하나님 얼굴을 엿보다」는 광대무변하기 그지없는 우주를 바라본다. 하나님은 구속자일 뿐만 아니라 창조주이시므로 당신이 창조한 세계와 인간 가운데 그분을 알만한 것을 흩뿌려 놓으셨기에, 주의해서 살펴보면 하나님의 존재와 인간과 삶의 의미를 충분히 잡아낼 수 있다.
「목마른 내 영혼」은 우리가 살아가면서 경험하는 내면의 공허와 갈망을 드러내고, 그것은 오직 하나님 한분만으로 채워진다고 말한다. 그런데도 사람들은 다른 어떤 유사품도 소용없고 단 하나님만이 계셔야 해결되고 해갈될 수 있는 영혼의 웅덩이에 온갖 허접하기 짝이 없는 쓰레기들로 채운다. 그러니까 우리 속의 빈공간은 역설적으로 초월을 지시한다. 어둠 너머의 빛이 흐르는 또 다른 세계로 우리를 인도한다. 하나님은 다른 곳이 아닌 바로 내 안에서 경험한다.

반면 「하나님 얼굴을 엿보다」는 속 좁은 인간 내면에서 벗어나 광활한 우주의 충만함에 깜짝 놀라서 우주를 설명하는 유일한 설명체계는 하나님 한분이라고 말한다. 우주 자체가 신은 아니므로 경배의 대상은 아니나 하나님의 얼굴을 충분히 엿볼 수 있는 경이로운 곳이다. 우주는 그렇다고 목적도, 의미도 없이 한갓 물질덩어리로 구성된 곳도 아니다. 인격적인 창조자의 피조물이므로 하나님 없는 우주는 애초부터 존재하지도 않았을 뿐더러 상상조차 할 수 없다. 우주는 하나님의 얼굴을 꼭꼭 숨겨 두고 있다. 허나 어쩌랴. 머리카락이 보이는 것을. 제 아무리 감추려고 해도 숨바꼭질하는 어린아이처럼 "나 여기 없다!"를 외치고 있으니.

│ 하나님 앞에서 울다
제럴드 싯처 / 이현우 옮김 / 좋은씨앗 / 2001

아내의 죽음으로 C. S. 루이스는 하나님께 분노하고, 아들의 추락사로 니콜라스 월터스토프는 대답하지 않는 하나님 앞에서 상처를 받았다. 「고통의 문제」홍성사에서 "고통이 야기하는 지적인 문제를 해결하려는 것"을 유일한 목적이라고 밝혔던 루이스로서는 예견된 죽음이더라도 지성만으로 해결되지 않는 문제 앞에서 당황하고 분노하는 것이다. 그리고 월터스토프로 말할 것 같으면, 우리 당대 최고의 분석철학자요, 칼빈주의자이니 사랑하는 사람을 잃은 다음, 아무리 하나님께 질문을 하고, 또 물어도 대답을 찾을 수 없으니 절망하고 낙담하는 것이다.

제럴드 싯처는 루이스가 분노하고, 월터스토프가 좌절한다면, 애써 눈물을 감추지 않는다. 구태여 하나님 앞에서, 그것도 우리더러 '아빠'라고 부르라고 친절하게 가르치셨던 분이니 무엇에 체면 차리느라고 울지도 못하겠는가. 때로는 비명에 가까운 통곡의 소리를, 때로는 조용히 흐느끼는 살아남은 가족들의 눈물은 그가 죽은 아내와 아이들에 대한 사랑을 짐작하게 하며, 동시에 우리 안의 상실과 상처를 훑어낸다. 우리 또한 그만큼은 아니더라도, 그와 같은 성질의 고통은 아니더라도, 엇비슷한 고통을 겪는다.

그렇기에 루이스의「헤아려본 슬픔」을 통해서 분노하고, 월터스토프의「나는 사랑하는 사람을 잃었습니다」좋은씨앗에서는 실의에 빠지고, 이 책,「하나님 앞에서 울다」를 읽고 하나님 앞에서 실컷 울 수 있다. 하지만, 세 사람 모두 고통과 상실을 아무런 의미 없이 견뎌낸 것은 아니다. 싯처는 자신이 겪은 상실이 끝이 아니므로 새 희망을 발견하고, 상처받은 자로서 상처받고 있는 자와 함께 상처 입은 공동체를 건설하려는 꿈을 꾼다. 어쨌든 미래는 자신에게 달렸다. 언제까지 상실 속에 갇혀 타인에게까지 고통을 주는 자가 될 것인지, 아니면 자신의 상실 속에서 이웃의 상실을 보고 상처 입은 치유자가 될 것인지는 오로지 그 자신의 선택과 결단에 달렸다. 이 책은 충분히 당신의 선택을 돕고도 남음이 있는 좋은 책이다.

신뢰받는 아바의 자녀에서
신뢰하는 아바의 자녀로 _신뢰

| 바로 내가 아바의 자녀

    한 번은 딸 서은이가 두 살 즈음에 설교 강대상에 올려놓고 두 팔을 벌린 적이 있다. 혹시나 했는데 아이는 거침없이 내 품으로 뛰어들었고 가슴이 철렁했다. 순간적으로 일어난 일이라 놀란 탓도 있지만 나를 이다지도 신뢰하는 아이가 자못 눈물이 날 정도로 고마웠다. '나도 이렇듯 하나님을 신뢰하나' 라는 물음에 제대로 대답 할 수 없는 나를 보았다. 자신을 기준으로 삼아 요리 조리 따져보고 재보고는 얄팍한 신앙살이를 하는 나에게 아이들은 영적 선생님이다. "어린아이처럼 신뢰하며 맡기는 것이야말로 진정한 제자도의 결정적 정신이라고 분명히 말할 수 있다"(22). 자신을 '아바' 의 자녀로 믿고 거침없이 그 품에 안기는 어린아이가 바로 주님이 자신과 동일시 마 18:15 한 어린아이이며, 하나님 나라가 그들의 것이다. 눅 18:16

    이 신뢰의 토대는 아빠와 자녀의 관계다. 「아바의 자녀」 복있는사람, 2004는

「신뢰」한다. 매닝이 신뢰를 수식하는 언어로 채택하고 즐겨 사용하는 '가차없는' 그리고 '거침없는' 이라는 단어는 결국 이 양자의 관계를 연결하고 서술하는 역할을 한다. 이 관계는 사랑과 신뢰를 계산하거나 돈으로 측정하지 않는다. 예수 그리스도로부터 받은 최고의 선물을 아바의 체험이라 말하는 매닝은 이렇게 말한다. "자라고사 광야의 고적한 동굴에서 나는 아버지를 아는 체험적 지식을 은혜로 누렸다. 그분은 내 아바였다. 나는 경이와 흠모와 감사에 파묻혀 다시 어린아이가 되었다"(142).

아바 하나님과 사랑에 빠진 자녀는 하나님을 신뢰한다. 나를 가차 없이 신뢰하는 아바의 극도의 거침없는 행위 안에서 나는 나를 신뢰하게 된다. 내 궁색한 처지와 조건과 상관없이 무차별적으로 긍휼을 베푸시는 미친 사랑은 이웃을 신뢰하는 동력이다. 내 모든 것을 사랑하시는 아버지 앞에서 자녀의 마땅한 태도는 바로 '가차 없는 신뢰'이다. 이 신뢰는 평생 세워왔던 것이 하나님 앞에서 보잘 것 없음을 깨닫고 그것을 허물거나 잃어버리는 것에 대해 어떠한 연민도 갖지 않는 극도로 거침없는 행위가 아닐 수 없다. 이런 삶은 어린아이가 되지 않으면 결코 누릴 수 없다. 나보다 나를 더 잘 아시는 그분이 있는 그대로 사랑하고 받아주시는 수용에서 신뢰는 자라난다. "비록 망가져 상처투성이 일지라도 우리는 그리스도 예수 안에 힘차게 살아있는 아바의 사랑받는 자녀다"(47).

거짓 신을 신뢰하지 마라

매닝은 하나님에 대한 생각을 고치도록 요구한다. "많은 신자들의 하나님 인식이 근본적으로 잘못돼 있다"(100-101). 자기 마음대로 하나님을 상상하는 것이 원인이다. 만약 그런 것이 하나님이라면 자기 자신을 투사한 것에 다름 아닌 이렇게 형성된 하나님을 성서는 우상이라고 명명한다. 그러니 정반대로 내 생각대로 하나님을 믿을 것이 아니라 내 생각의 폭을 넓혀야 한다(4장). 사실 우리가 하나님께 실망한 것이 아니라 내가 그려놓은 하나님에게 실족하게 된다. 하지만 하나님의 실체는 측량할 수 없으며, 하나님은 인간이 만들어 놓은 하나님에 관한 허상을 모조리 해체한다. 우리 마음대로 조작하거나 내 속의 욕망을 성취하는 수단으로 결코 전락할 수 없는 그분의 실체는 이름하여 가봇이다. 하나님의 영광을 뜻하는 히브리어 가봇은 "모든 환상을 깨뜨린다"(89). 하나님 앞에서 우리는 결코 안전하지 않다.

하나님은 인간이 마음대로 휘두를 수 없는 초월하신 절대자이지만, 우리와 같은 친밀한 친구가 된다(6장). 초월과 내재의 긴장은 서로를 보완한다. 예수는 이 땅에 오신 초월이자, 하늘에 계신 내재이다. 하나님을 아빠로 부르시면서 기도하시지만, 자신을 '사람의 아들'이라 부르기를 주저하지 않는다. 우리는 예수를 통해 하나님의 영광을 똑똑히 본다. 그분을 통해 하나님을 볼 수 없다면 신뢰의 변질을 초래한다(8장). 하나님께 자신이 할 일마저 떠미는 무엄한 태도는 초월을 왜곡하는 것이며, 우리 삶을 움직이는 설득력 있는 물증을 요구하고 그것이 없으면 제 스스로 통제하려는 것은 내재를 호도하는 짓이다.

하여 매닝은 말하기를, "행여 내 아버지의 긍휼을 너희 긍휼로 측정할 만큼 비보가 되지 말라. 행여 너희 인간의 얄팍하고 인색하고 흔들리고 변덕스런 긍휼을 내 긍휼과 비교할 만큼 어리석어지지 말라. 나는 인간이자 곧 하나님인 까닭이다"(141). 이 하나님의 실체는 우리로 하여금 예술가, 신비가, 어릿광대로 부른다(5장). 우리는 하나님의 신비와 가봇을

치밀하게 분석하고 정밀하게 조사하는 과학자나 신학자가 아니다. 왜냐하면 매닝의 말처럼 '아바의 자녀'이기 때문이다. 사랑에 미쳐버린 하나님을 어떻게 설명할건가? 예술가처럼 심미적으로 탐닉하며, 신비가처럼 직관으로 관조하며, 어릿광대처럼 춤출 따름이다. 바로 그가 하나님을 본 자다. 미갈의 후손들은 비웃더라도 오늘의 다윗들은 흥겹게 춤춘다.

거짓 자아를 신뢰하지 마라

매닝만큼 정직한 작가는 드문 것 같다. 매닝의 글은 그의 속이 훤히 보일 정도로 투명하다. 거침없는 신뢰에 관해 말하고 글을 쓰는 지금도 그는 주벽이 도져 다시 술에 취해 반쯤 찬 술병을 가슴에 품고 "예수님, 어디 계십니까?"를 가득 고인 눈물로 묻는다(69). 하늘에 닿지 못하는 메마른 오늘 아침의 기도라든지(190) 필립 얀시의 글재간에 주눅 든 심정이나(179), 주말 피정에서 알량한 자존심으로 벗들의 충고를 고깝게 듣고 토라진 이야기(157)들은 "사랑받을 구석이 없다는 절망과 자기혐오로 평생 씨름"(133)했다는 것은 정말이지 나와 다를 바 없는 평범한 모습이다.

형통하는 성공 비법과 간증을 주체하지 못하고 떠벌리는 마당에 솔직하게 자신을 여는 것은 그 안의 정직한 영이 아니고는 해명이 되지 않는다는 것 또한 잊어서는 안 되겠다. 이렇듯 아무렇지도 않게 내뱉는 그의 내면 모습은 독자로 하여금 그의 책과 말에 대해 가차없이 신뢰하게 만든다. 많은 책들이 언어의 성찬이지만, 정작 저자 자신은 그 문제에 관한한 완전히 초월한 모습이다. 이 장면은 독자로 하여금 마치 교무실에서 혼나는 소년의 심정이 들게 한다. 나 역시 자신의 글과 삶의 엄청난 불일치를 보며 우울해지고, 설교대로 살지 못할 때가 많은 자신을 위선자(156)로 욕하는 때가 많다. 매닝을 읽으면서 나와 닮은 또 한 사람이 지구별에 함께 있다는 것이 여간 좋은 게 아니다.

그렇다고 자기연민에 포로가 되는 것은 금물이다. 가차 없음은 자신에 대한 연민으로부터 하나님께로 돌아섬이다. 자기연민과 더불어 자기혐오 또한 하나님에 대한 불신의 반영이며 원천이다. 문제는 자아다. "내 신뢰 여정의 가장 큰 장애물은 강박적 불안감, 못났다는 생각, 열등감, 낮은 자존감이었다"(31). 이런 자아상은 믿음을 뒤흔든다. "하나님과 사람들에 대한 그릇된 생각은 흔히 초라한 자아상에서 시작된다"(102). 자기연민에 빠진 가련한 신세로 바라보는 하나님은 형편없는 분이거나 군림하는 독재자다. 내 "눈에 눈물이 고인다. 아바의 술 취한 자녀인 나는 이제 울고 있다. '예수님, 어디 계십니까?' (69)

매닝이 말하는 바, 자기 수용은 내 스스로 구축한 이미지를 승인하는 것이 아니다. 아바의 눈에 담긴 내 모습을 진정한 자아상으로 수용하는 것이다. 나의 죄를 열거하는 검사의 논고가 아니라 나를 변호하는 하나님의 쉼 없는 사랑의 고백을 신뢰한다. 이렇게 우리는 "자기거부로부터 예수 그리스도의 수용에 뿌리를 둔 자기 수용으로 천천히, 꾸준히, 기적처럼 변"(14)해 간다. 이런 정직한 자기 인식의 수용 속에서 우리는 착해지려는 노력을 중단하고 사랑받으려는 자세로 옮겨 간다(125). 하나님을 하나님으로 인식하라고 주문하는 매닝은 그저 자신이 한 인간이라는 사실을 붙들라고 조언한다. 예수님처럼 내면을 온통 하나님으로 채우라고 한다. 그것이 겸손이며 정직이다(9장).

그렇다고 매닝은 우리 속에 도사리고 있는 죄성마저 자아확립이라는 이름으로 인정하는 것은 아니다. "자의식의 심리를 따뜻이 맞아주면 복이 아니라 화를 부른다"(181). 과도한 자기연민은 하나님 의식의 부재에 기인하는데, 경외의 대상인 하나님이 그 마음에 없거나 흐릿하면 그 공백을 인간은 필히 대체물로 채운다. 그 대체물을 무엇이라고 명명하든지 그것의 실체는 바로 자아다. 자아는 한편으로 자신감으로 가득 차서 율법과 도덕을 숭상하고, 다른 한편으로 하나님을 깊이 불신한다(8장). 반면 신뢰는 은혜와 감사로 산다.

참된 신뢰는 시간 속에서 자란다

매닝은 이 시대의 전도자 코헬렛이다. 전도자는 해 아래 새것이 없음을 주지시키고 오직 창조주를 신뢰하라고 말한다. 새 것이 아니라 있는 것을 만족하고 감사하며, 그것을 주신 하나님과 동행의 삶이 신뢰다(2장). 이 책은 새로운 영적 통찰을 자꾸 찾지 말라는 영적 멘토의 지적에서 비롯된다. 매닝의 가슴에 불씨가 된 "당신의 삶에 가장 요긴하게 필요한 것은 그간 받은 것을 신뢰하는 것"(19)이란 말은 고스란히 내 가슴에도 전이되어 작은 불씨가 된다. 속도와 정보의 시대에 이 말은 고루하게 들릴지도 모른다. 기발한 통찰이나 새로운 정보가 아니라 그간 받은 것을 신뢰하라는 것은 꼴찌의 변명으로 딱 좋다. 그러나 한 주일의 숱한 예배와 설교, 교육과 훈련, 그것으로도 모자라 온갖 미명으로 '특별'한 무엇을 분주하게 찾아다니느라 허전하다. 정작 우리에게 필요한 것은 더 많은 앎이 아니라 아는 것을 따라 사는 것이니까.

우리는 더 많은 은혜를 구한다. 하지만 이는 위험천만한 행동이다. 더 많은 은혜는 더 많은 책임을 요구하기 때문이다. 만약 그 은혜를 따라 순종하지 않는다면 더 큰 책망이 따르기 마련이다. 그러니 더 많은 은혜가 아니라 받은 은혜대로 사는 것, 그것이 은혜를 구하는 것 못지않게 중요하다. 신뢰는 만족이다. 그리고 감사하는 것이다. "신뢰하는 제자의 으뜸가는 특성은 감사다"(45). 아버지의 손으로 이미 값없이 주신 과분한 사랑을 감사한다. 이미 존재하는 것을 주목하고, 그 받은 은혜가 크고 많다는 사실에 놀라워한다. 우리는 신뢰하는 신앙의 단계로 얼른 자라고 싶어 한다. 이것은 가능하지도 않거니와 설령 그렇다고 해도 빠른 만큼 변덕은 심하게 마련이다. 그런 이들은 신뢰는 그냥 생겨나지 않고 시련의 도가니에서 오랫동안 단련된다(3장)는 것을 모른척한다. 우리 하나님 아버지는 농부다. 요 15:1 포도나무는 한 순간에 자라지 않고 흐르는 시간과 농부의 땀이 열매로 맺어진다. 세월이 흘러도 변하지 않는 그분의 은혜를 닮아서 우리는 언제 자라는지 외견상 뚜렷이 보이지 않아도 신뢰는 쑥쑥 커가는 것이다. 비록 겉으로는 무너져도 속은 세워진다. 하나님과 자신을 신뢰하는 것은 그리 쉽지 않다. 아브라함의 신앙 여정이 그랬듯이 전폭적인 신뢰는 오랜 인내와 소망 중에 자라난다. 믿음+소망=신뢰(119)의 공식은 소망 중에 인내하고 기다리는 자의 삶을 짚어낸 것이다. '좀 더 빨리'를 외치고, '좀 더 많이' 갖고자 안달하는 시대에 신앙이란 지난한 여정이며, 감사라는 길을 매닝은 지시한다.

어디 나만 아바의 자녀이겠는가

이 책을 덮으면서 나 자신에게 이런 질문을 해 본다. 하나님을 거침없이 신뢰하는 나는 신뢰받고 있는가? 예수쟁이를 일컬어 '믿는 사람'이라고 한다. 그리스도인은 신과 인간을 동시에 믿는다. 또한 믿음의 대상이다. 신자는 하나님과 사람들에게 신용의 표식이다. 주님이 우리를 신뢰하듯이, 이웃들에게도 신뢰를 받는다. 가차 없는 신뢰는 하나님에 대한 신뢰로 자기수용을 거쳐서 이웃에 대한 신뢰로 확장된다. 신뢰하는 자는 신뢰받는 자다. 하나님께로 가는 가차 없는 믿음의 길은 동행이 있다. 하나님에 대한 생각의 폭을 넓혀야 하듯이 이웃에 대한 생각을 넓혀야 한다. 요컨대, 하나님에 대한 우리의 생각이 확장되듯이 내 이웃의 범주에 들어올 사람의 폭도 넓혀야 한다.

 자기연민과 자기혐오의 두 축을 오가며 하나님도 그런 식으로 믿는 것을 당연히 여기며 왜 내가 지치고 병든 삶을 살고 있는지 도무지 이유를 알지 못하는 사람이 비단 나 하나에 국한되겠는가. 스스로 사랑받을 수 없다고 무참히 자책하거나, 감당키 어려운 비참한 일에 직면하면 술과 일로 도피하거나, 그럴싸하게 거룩한 척을 낼 수 있는 종교 사업에 헌신하는 이들이 어디 여기만 있겠는가. 성한 물동이와 비교하며 금간 자신을 인정하지 못하여 합력하여 선을 이루시는 하나님(10장)을 망각하는 것이 어디 한두 번인가. 의사와 약물로 자신의 도덕적 책임을 그럴싸하게 넘어가고 우리 죄를 위해 죽으신 어린양의 무죄 선고를 외면(213)하는 바리새인이 어디에는 없는가. 정체와 소속을 잃어버렸다가 아빠의 가슴에 얼굴을 묻고 "아바여, 나는 아버지의 것입니다"(42)라고 고백할 자녀가 어디 한둘이겠는가. 어디 나만 아바의 자녀이겠는가.

「신뢰」 브레넌 매닝 / 윤종석 옮김 / 복있는사람 / 2004

함께 읽을 책

| 이신칭의의 현대적 의미
앨리스터 맥그라스 / 김성웅 옮김 / 생명의말씀사 / 1996

　믿음은 구원이다. 오직 믿음으로 구원받는다. 믿음을 통해서 믿음에 다다르게 된다. 좋은 신학자인 맥그라스는 16세기 종교개혁자들의 이신칭의의 교리가 단지 한 시대의 부산물이 아님을 입증한다. 그것은 성서에 깊이 뿌리박은 것이며(2장), 역사적으로는 어거스틴 이후 교회가 받아왔던 것이며(3장), 교파의 차이에도 불구하고 합의할 수 있는 요점을 제공한다(5장). 그런 연후에 그것이 오늘 우리에게 어떤 의미가 있는지를 실존적 측면(6장), 개인적인 측면(7장), 윤리적인 측면(8장)을 찬찬히 설명해 준다.
　실용이란 코드가 득세하는 요즘 와서 웬 뜬금없는 교리냐고 할지 모르겠다. 이 한 교리로 인해 그렇게 치고 박고 싸우고 죽이고 죽이는 종교전쟁을 역사는 기록하고 있는데도 말이다. 어떤 이유로도 그런 방식의 논쟁은 잘못이고 죄이지만, 그만큼 중요한 교리라는 것을 역설적으로 말해 준다. 교회사와 역사를 돌아보면 모든 시대는 자기들의 언어와 감각으로 옛 정신을 새롭게 해석하여 당대를 건설했다. 뭐라 해도 이신칭의라는 말이 딱딱하고 머리 아프게 할 것 같지만 그 속살을 들여다보면 생각할 거리도 많이 주고, 번득이는 영감도 제공하고, 그 중요성도 새롭게 인식할 수 있을 것이다.

| 인내 : 믿음의 거장들에게서 인내를 배우다
존 파이퍼 / 신원섭 옮김 / 좋은씨앗 / 2005

믿음은 인내다. 마치 농사와 같다. 씨를 뿌리고 자라서 열매를 거두기까지 시간이 걸린다. 성급하게 익지 않은 열매를 따다가는 낭패를 보게 된다. 믿음의 거장들은 하나같이 인내할 줄 알았다. 그 인내를 배우는 데는 거장들의 삶만한 것이 없다. 그래서 히브리서 기자도 뒤로 물러나 침륜에 함몰하지 않는 방법을 구름같이 허다한 믿음의 조상들의 이야기를 하는 까닭도 여기에 있다. 그들처럼 우리도 인내로 우리 앞에 당한 경주를 경주해야 한다.

파이퍼는 세 분의 영국 사람을 소개한다. '어메이징 그레이스'의 작사자로 잘 알려진 존 뉴턴, 케임브리지 대학의 목사이자 교수였던 찰스 시므온, 노예 해방을 위해 숱한 역경과 시련 속에서도 흔들리지 않고 끝내 쟁취했던 정치가 윌리엄 윌버포스. 목회자인 나로서는 시므온이 감동적이다. 12년 동안 그리고 그 후로도 몇 차례나 교인들의 반대로 설교 강단에서조차 설 수 없었고, 몸담고 있던 대학에서도 홀대받던 상황에서도 부드러움을 잃지 않았던 그의 모습은 고결함이 무엇인지를 웅변한다.

윌버포스는 정치적 제자도를 구현한 증인이다. 방탕한 삶을 마감하고 하나님 앞에서 결단했던 노예무역의 금지와 영국의 도덕 개혁을 위해 평생 싸워야 했다. 때로는 수상의 자리가 유혹하고 생명의 위협과 비방을 들어도 그는 올곧게 그 길을 걸었다. 일평생 46년을 노예무역과 노예제 폐지에 앞장섰지만, 열한 번의 패배를 맛보아야 했고 완전한 승리는 죽기 3일전에야 보게 되었다. 이렇게 인내하는 것이 믿음이다. 또 한명의 윌버포스가 이 땅에 필요한 시점이다.

| 소망
제임스 패커 / 김기호 옮김 / IVP / 2003

믿음은 소망이다. 믿음은 시간상으로 구별하자면, 과거시제가 구원이라면, 현재는 인내이고, 미래는 소망이다. 이 세 가지는 항상 있어야 할 것이고, 홀로 있어도 안 된다. 믿음의 여정은 필히 실패와 좌절은 있다. 이 책의 역자 후기의 말처럼 실패를 경험하지 않은 사람은 아무도 없다. 인내라는 성경의 단어는 그저 이를 악물고 참고 견디는 것을 말하지 않는다. 종말론적 소망 가운데서 즐거움으로 꿋꿋함을 유지하는 것이다.

금세기 복음주의 진영의 최고의 학자인 패커는 성경에서 참담한 실패와 한없는 실망으로 점철된 사람들을 이야기한다. 삼손, 느헤미야, 마노아의 아내, 요나, 베드로, 마르다, 도마, 야곱 등이다. 영어 원서의 부제처럼, 하나님이 어떻게 불완전한 사람들을 다루셨는지 그리고 그들을 사용하셨는지를 통해 우리에게 산 소망을 불어넣어 준다.

때로 분노할 때 요나는 우리에게 소망을 소망하게 한다. 불행한 가정에서 자라난 과거를 인해 한탄하는 이들에게 야곱의 이야기는 더 없는 실제적인 소망의 창고이다. 자신도 모르게 끔찍한 일을 저질렀다고 자책하는 이들에게 베드로는 좋은 희망의 교본이다. 누구보다도 땀 흘리며 수고했으나 거둔 것은 별로 없고 만사가 허사로 귀결될 것 같을 때 느헤미야를 읽는다면 소망이 솟아날 것이다. 꿈 없는 시대에, 희망할 아무런 이유도 없는 캄캄한 때에 이 책 한권이 절망과 실패가 도리어 소망의 단초가 된다는 것을 보여 주기에 충분하다.

3장
공감 둘_ 자녀답게 기도하다

광야의 은혜
야곱의 기도
주여, 기도를 가르쳐 주소서

자녀가 세상에서 살아간다는 것은 광야를 사는 것과 같다. 그러나 그곳에서 광야의 은혜를 경험할 수 있다면, 광야의 원리를 발견할 수 있다면, 자녀는 텅 비고 척박한 광야를 떠날 때 광야는 결코 무의미하게 버려진 장소가 아니었음을 고백하는 놀라운 광야의 간증을 소유하게 될 것이다. 내가 선택하지 않았던 광야의 길에 대해 감사할 수 있는 것은 수많은 신앙의 위인들의 간증에 반드시 이 광야가 등장하기 때문이다. 광야는 자녀다움의 새로운 도약으로의 초대이다.

그래서 자녀가 구하는 기도는 야곱의 기도를 닮아 간다. 그렇게 익숙했던 하나님을 윽박질러 나의 야망을 채우려는 기도는 점점 낯설어지고 희생과 섬김과 공평과 평화를 위한 기도가 즐거워진다. 물질적 소유로 인해 기쁨을 찾는 자가 아니라, 아버지 하나님의 속성이 더 풍성해지기를 기뻐하는, 바로 그런 삶을 위해 기도하는 자녀로 자라게 된다.

예수가 우리에게 가르쳐 주었던 기도, 주의 기도는 자녀가 구하는 최상의 기도가 될 뿐만 아니라 자녀의 가장 기본적인 일상의 기도가 되어 있다. 아버지의 뜻을 철저하게 이루어 내고자하는 자녀의 기도는 하나님 나라를 위한 정치적 기도이며 성품과 삶을 담보한 전인격적 기도이다. 그래서 자녀는 하나님 나라의 가치를 이 땅에서 실현하기 위한 변혁적 기도자로 거듭난다. 주여, 기도를 가르쳐 주소서!

텅 빈 광야에서 충만한 광야로
_광야의 은혜

| 의도하지 않은 광야에서

광야는 텅 빈 곳이다. 인간에게 광야는 쓸쓸하고 황량할 뿐만 아니라 적대적이다. 예레미야는 광야를 이렇게 정의한다. "광야 곧 사막과 구덩이 땅, 건조하고 사망의 음침한 땅, 사람이 다니지 아니하고 거주하지 아니하는 땅." 렘 2:6 그렇다면 좀체 살기 어려운 땅을 왜 하나님은 통과한 다음에야 젖과 꿀이 흐르는 가나안으로 인도하셨을까. 그리고 왜 광야를 지난 하나님의 사람들은 광야를 선물이었다고, 은혜라고 고백할까.

광야는 두 가지 종류가 있다. 그 하나는 4세기의 사막의 교부들은 의도적으로 들어간 사막이다. 「마음의 길」, 헨리 나웬, 분도출판사 콘스탄틴 황제의 전환 이후 교부들은 교회가 된 세상과 세상이 된 교회를 발견하였다. 세상은 제자들의 일터이면서도 유혹의 장소이다. 언제나 빛 보다 어둠을 사랑하는 세상이 마치 기독교화된 것인 양 혼동하는 마당에 그들은 세상에 순응하기를 거부하고 세상과 싸우기 위해 광야로 나갔던 것이다. 이들은 역설적으로 세상을 피해 사막으로 도피한 것이 아니라, 어둠의 세상에 대한 적이 되기 위해 그 악의 파괴적 힘이 유감없이 발휘되는 그곳을 자원했던 것이다.

이 책, 「광야의 은혜」는 제임스 패커, 고든 맥도날드, 존 맥스웰, 찰스 스탠리 등 당대의 기라성 같은 선배들의 광야 체험과 그 의미를 들려준다. 이 광야는 의도하지 않은 광야이다. 이 책에 등장하는 아홉 명의 영적 거인들 그 누구도 스스로 광야를 원하지 않았다. 광야는 피하고 싶은 시련의 장소이다. 그들에게 광야는 "도무지 영문을 알 수 없는, 마구잡이로 몰아닥치는 인생의 파괴적 재난을 가리킨다"(15). 이들은 예기치 못한 뜻밖의 장소로 내 몰리게 되고, 그곳에서 하나님을 만난다. 그러니까 사막의 교부들이 사막 한 가운데서 세상과 싸웠다면, 이들은 세상 한 복판에서 광야와 씨름한다.

광야에 첫발을 내딛는 사연은 각기 다르다. 패커는 신학적 입장을 달리하는 사람들의 비판으로, 맥도날드는 자신이 전혀 바라지 않았던 위원회의 위원장 후보가 되었으나 최종적으로 탈락하는 과정에서, 맥스웰은 갑작스런 심장병으로 죽음의 문턱을 드나들면서, 스탠리는 성취 강박증에 사로잡힌 완전주의자로 사람들에게 인정받기 위해 고군분투하던 와중에 인생의 벼랑에 서게 되고, 낸시 카마이클은 남들 보기에 풍성하고 훌륭한 삶을 사는 듯이 보여도 실제로는 조금의 여백도 없는 꽉 차있는 스케줄의 행군이 초래한 영적, 정서적, 육체적 소진으로 광야 학교에 입학한다. 존 트렌트는 어릴 적 이혼한 아버지로부터 받은 실망과 상처로 인생이 광야로 돌변하고, 질 브리스코는 마르다처럼 하나님이 원하지 않는 분주함으로 일의 주님보다 주님의 일에 더 빠져 존재의 변화

없는 행위가 늘 그렇듯이, 결국 하나님 없이 하나님의 일을 쉴 새 없이 하다가 종내에는 제 스스로 파괴되고, 쉴라 월시는 정신병력이 있는 집안의 딸로 하나님에게 사랑받기 위해, 그분의 기준을 충족하기 위해 분투하다가 그녀마저도 병원에서 정신과치료를 받게 되고, 토미 바넷은 언론의 오보로 떳떳한 삶이 일순간 절망의 나락으로 빨려 들어간다.

| 하나님이 의도하신 광야에서

광야를 떠날 때의 간증은 놀랍기 그지없다. 패커는 보다 더 강인한 신학적 확신과 오직 여호와를 바라는 소망하는 법과 용기를, 맥도날드는 하나님의 인도하심의 무궁함에 대한 인식과 실망과 좌절로 속사람은 성숙하고 강하게 되었다고 고백한다. 죽음의 문턱에서 함께 하시는 하나님과 가족과 친구들에게 사랑한다는 말은 아무리 많이 해도 지나치지 않다고 맥스웰은 말한다. 일 중독자들인 스탠리와 카마이클, 브리스코는 일을 즐기는 것과 휴식을 즐기면서 일하는 법을 배우고, 하나님께 사랑받는 은혜로 승리한다.

사랑받기 위해 하나님의 기준을 충족하기 위해 부단히 애쓰던 월시는 이렇게 간증한다. "나는 부족하다. 그러나 그리스도는 충분하다. 너는 사랑받고 있다. 그 사랑을 받기 위해 우리가 할 수 있는 일은 아무 것도 없다." 맥스 루카도의 말처럼, "우리의 악이 그분의 사랑을 줄어들게 할 수 없다. 우리의 선이 그분의 사랑을 더 커지게 할 수도 없다."「예수님처럼」15 은혜는 거저 주시는 것이다. 믿음은 그 은혜를 거저 받는 것이다. 그래서 믿음은 담대한 것, 더 적나라하게 표현하면 뻔뻔한 것이다. 아버지에게 실망했던 트렌트는 믿음의 선배를 통해 다가온 예수님을 영접함으로써 광야를 졸업한다. 바넷은 오해가 빚은 실수와 상처를 하나님이 지우개로 새롭게 하시고, "나의 당한 일이 도리어 복음의 진보가 되었다"고 빌 1:12 외친다.

우리 시대의 아홉 명의 영적 위인들의 광야 이야기를 들으며, '하나님의 사람은 광야에서 만들어진다'는 예의 빛나는 진리 하나를 다시금 되새기게 된다. 광야에서 실망하고 상처받고 심지어는 찢어지는 아픔을 겪더라도 그 과정을 통해서 우리는 그리스도를 닮게 된다는 것은 분명한 사실이다(12-13). 텅 빈 "광야에서 빈손으로 나오는 사람은 없다"(187). 모세, 다윗, 엘리야, 요한, 그리고 그리스도가 그랬다. 그들 모두는 빈들의 사람들이다.

광야를 온전히 헤쳐 나온 신자는 광야를 투덜거리는 이들에게 반문한다. "나는 광야의 길을 결코 선택하지 않았을 것이다. 그러나 이 광야의 길을 가지 않았다면 오늘날 내가 이렇게 변할 수 있겠는가?"(191) 광야를 통과한 사람은 광야 생활을 불평하지 않는다. 원망은 아직 그가 광야에 있다는 증거이다. 당신의 원했든, 원치 않았든 지금 서 있는 곳이 광야라면, 민수기의 백성들처럼 끝없는 불평과 원망 속에서 사막의 모래바람과 함께 그렇게 사라질 것인지 아니면 변화된 하나님의 사람이 되어 광야의 선물을 한 아름 싸들고 나올 것인가는 온전히 당신의 몫이다.

그렇다고 광야에 관한 모든 의문이 말끔히 해결된 것은 아니다. 그것은 여전히 미스터리이다. 나는 맥도날드처럼 장차 천국에 가면 "왜 하나님이 그 모든 어려운 과정을 내게 주셨는가?"(38)를 하나님께 여쭙고 싶다. 광야를 통과하지 않은 하나님의 사람이 없고, 빈손으로 나온 신자가 없다고 해도, 그토록 풍성한 사랑의 하나님이 나를 그리도 모진 곳으로 밀어 넣었을까? 아무래도 이런 물음에 계속 사로잡혀 있는 한, 나는 하나님 앞에서 욥처럼 말하게 될 것 같다. "무지한 말로 이치를 가리우는 자가 누구니이까 내가 스스로 깨달을 수 없는 일을 말하였고 스스로 알 수 없고 헤아리기 어려운 일을 말하였나이다." 욥 42:3

하지만 광야가 불가피하다면 그래서 광야가 우리의 일부라면, 광야는 보다 창조적 대면이 요구된다. 하나님은 우리를 광야를 탓하는 자가 아니라 광야에 길을 내고 황무지에 장미꽃을 피우라고 초대한다. 빈들에서 외치는 자로 부르신다. 그러니 이제 왜 하나님이 나를 광야로 쫓아내셨는지를 타령할 것이 아니라 광야에서 무엇을 할지를 살펴보면 좋겠다. "때로는 태양이 비치지 않는 광야도 있는 법이다. 그러나 하나님이 계시지 않는 광야는 없다"(195). 그 하나님과 함께 텅 빈 광야를 충만한 광야로 만들라는 초청에 응하지 않겠는가.

 「광야의 은혜」 제임스 패커 · 고든 맥도날드 외 / 규장 / 2002

죽는 날까지의 기도 제목
_아굴의 기도

｜ 초대받지 못한 기도, 아굴의 기도

아굴의 기도잠 30:7-9는 우리가 좋아하지 않는 기도이다. 허탄과 거짓을 버리게 해 달라고 기도하지만, 실제로는 욕망을 달성할 수만 있다면 신앙쯤이야 덮어두고 눈 한번 질끈 눈감는 것을 그리 대수롭지 않게 우리는 여긴다. 거짓말을 서슴지 않고 동원해서라도 성공과 축복을 쟁취하려는 우리의 본심은 아굴의 기도를 달가워하지 않는다. 게다가 하나님을 잊어도 되니 - 말로는 하나님을 결단코 잊지 아니하겠다고 말하지만, - 그 엄청난 부의 일부의 단맛이라도 보기를 기대하는 우리에게 "오직 필요한 양식으로 내게 먹이시옵소서"라는 기도는 내키지 않는 기도이다.

무엇보다도 하나님을 신앙의 주체가 아니라 신앙의 대상으로 삼기를 주저하지 않는 이들에게 이 말씀은 그리 읽고 싶지 않은 본문이고 드리고 싶지 않은 기도임에 틀림없다. "아직도 하나님을 윽박질러 내 야망을 성취시키는 것으로 기도를 이해하는 사람"(5)들에게 말이다. 응답하지 않는 하나님을 향해 우리는 종종 실망을 넘어 분노를 품기도 한다. 내 생각대로 하나님이 해 주지 않기 때문이다. 하나님은 알라딘의 지니처럼 쓱싹 한번 문지르기만 하면 응답하시는 그런 하나님이 되어야 한다고 우리는 그분께 강요한다. 아닌 줄 알면서도 그렇게 자신에게 각인시킨다. 그런 현대인들에게 야굴의 기도는 '복'이 아니라 '저주'에 가깝다(12).

아버지께 구할 것이 너무나 많은 우리에게 야굴의 기도는 기피 대상이다. 건강과 질병으로부터의 치유를 구하는 히스기야의 기도, 지혜를 구하는 솔로몬의 기도, 결혼 반려자를 찾는 아브라함의 사환의 기도, 물질의 축복을 구하는 야베스의 기도 등을 한꺼번에 기도해야 성이 차는 우리에게 단 두 가지만 구하겠다니 참 어처구니없어 보인다. 기도는 좀 멋져야 하지 않을까. 어느 정도는 화려해야 기도하는 맛이 나지 않을까.

야굴의 기도 이후로 가장 위대한 단순한 기도는 아마 토마스 아퀴나스의 기도일 것이다. 홀로 예배당에서 기도하는 토마스에게 십자가의 주님이 말씀하셨다. "너는 나에 대해 잘 썼더구나. 너는 어떤 보답을 원하느냐?" 그의 대답은 의외로 간단하다. "오직 당신뿐입니다. 주님" Only yourself, Lord. 마음의 단순함과 더불어 단순한 기도 제목과 소박한 몇 마디 말로 드리는 기도는 영 싱거울 수밖에 없다.

더 많은 것을 구하는 우리는 생리적으로 야굴의 기도를 싫어한다. 기도 제목과 내용을 찬찬히 들여다보자. 더 큰 부(야베스), 더 많은 지혜(솔로몬), 더 긴 생명(히스기야) 등과 같은 것들로 기도 노트가 빽빽하지 않은가? 더 많은 지혜가 결국은 바람을 잡는 것처럼 허망한 일이어서 도리어 그 지식만큼 번뇌와 근심을 더한다고 그 옛날 지혜자, 솔로몬은

3장 공감 둘_자녀답게 기도하다

말한다. 더 긴 생명을 얻어 낳은 아들은 후일 왕이 되어 유다 역사에 전례 없는 폭군이 되는 비극의 씨앗이 되었다. 히스기야의 아들 므낫세의 악행의 정도를 유다에서는 도저히 찾을 수 없어서 하나님이 멸하신 이방과 비교해야 할 정도였다. 그는 그들보다 더욱 심했다.

어느 세계 최고의 갑부에게 한 기자가 물었단다. "만족하십니까?" "아니." "그럼 얼마나 더?" 그는 대답했다. "조금만 더." 우리는 얼마가 더 있어야 자족하게 될까? 무의식적으로 우리는 대답한다. "조금만 더, 그것도 아주 정말 조금만 더요, 주님." 그러니 아굴의 기도는 환영은커녕 초대조차 받지 못하는 기도이다.

| 반드시 응답받아야 할 기도, 아굴의 기도

이처럼 낯설고 생소하고도 거북스러운 기도를 우리가 드려야 하고, 이 책을 읽어야 할 까닭은 무엇일까? 인생이 헛되기 때문이다. 인생무상을 극명하게 보여주는 것은 수의이다. 죽은 자의 옷에는 주머니가 없다. 가져갈 수 없기 때문이다. 가져갈 것이 없기 때문이다. 일생 뼈 빠지도록 일하고 허리가 휘도록 수고해도 하나님 앞에 가져갈 수 없는 것들을 구하는 것이 허탄한 기도이다. 필요한 것 이상을 구하는 것은 허탄한 기도이다. 도덕적으로 건전하지 못한 것은 허탄한 기도이다. 칭찬받고 자랑하고 과시하기 위해 구하는 것, 높아지고 섬김을 받는 자리에 나아가고자 하는 것은 허탄한 기도이다. 하늘에 쌓아둘 수 있는 기도, 어린 양 앞에 금 대접에 드릴 수 있는 기도는 아굴의 기도이다.

신앙의 성숙을 가늠하는 것은 균형이다. 개인적인 고백을 하자면, 공자는 나이 40을 불혹(不惑)이라 하여 세상사에 판단을 흐리지 않고 흔들리지 않고 자신이 정한 바 학문의 길에 매진하였다고 하였다. 나는 그 나이가 되어서도 학문과 목회 사이에서 아직도 갈팡질팡한다. 책 읽기의 즐거움에 사로잡히면 절로 목회 사역은 등한시하게 되고, 반대로 성도의 변화와 성숙의 기쁨에 빠지면 학문 무용론에 기울게 된다. 때로 둘 사이의 긴장이 나로 하여 지치게 만들지만, 건강케 한다. 목회는 학문의 뼈대와 살에 따뜻한 피가 흐르게 하고, 학문은 목회에 강인한 골격을 세워준다. 설교 같은 강의, 강의 같은 설교 중 어느 것을 포기하란 말인가? 그게 어디 포기할 성질의 것인가? 성숙은 일방의 포기가 아닌 양자의 균형이다.

에베소서는 성령 충만이 가정과 직장의 관계와 함께 혈과 육이 아닌 정사와 권세와의 영적 전투를 동시에 수행해야 함을 알려준다. 아굴 또한 마찬가지다. 아굴의 기도는 "믿음과 물질, 현실과 영성, 이 두 가지는 모든 시대를 초월한 신앙인의 화두다"(141). 쉽고 간단한 길은 양극단이다. 오직 기도만을 외치며 신비주의로 칩거하거나 빵 없이는 도저히 살 수 없다는 세속주의에 함몰한다. 아굴의 기도 속에 이 양자의 조화와 균형 감각을 얻게 된다. 새처럼 기도는 양 날개로 날개치며 올라간다.

그 외에도 아굴의 기도를 해야 할 이유는 많다. 내 욕심을 따라 구하는 것이 기도가 아니고, 정직하게 하나님 앞에서 자신의 모습을 발견하는 것이 참된 기도라는 것, 물질의 형통함도 필요하지만, 결코 하나님보다 앞설 수 없다는 우선순위를 명백하게 해주는 것이 아굴이다. 하나님 앞에서 정직한 삶, 그리고 물질의 영역에서 만족하는 삶, 그리고 이 양자의 균형이 우리 평생에 구해야 할 단 하나의 기도이며, 우리가 죽기

전에 꼭 깨달아야 할 단 하나의 기도의 철학이며, 우리 평생에 응답받아야 할 단 하나의 기도의 제목이다. 고로 아굴의 기도는 계속 되어야 한다. 쭈욱~

 「아굴의 기도」 황병철 / 생명의말씀사 / 2002

하우어와스와 함께 읽는 주의 기도
_ 주여, 기도를 가르쳐 주소서

| 하우어와스, 그가 이제 오다

　스탠리 하우어와스Stanley Hauerwas가 우리에게 왔다. 그의 절친한 단짝인 윌리엄 윌리몬과 함께. 「타임」지가 선정한 최고의 신학자라는 찬사를 받으며 2001년 기포드 강좌로 상한가를 달리고 있는 그이지만, 우리 신학계와 독자들에게는 하우어와스는 상당히 낯선 이름이다. 그의 이름을 발음하는 것부터 까다롭다. 영어권이기는 하지만 당대 최고의 학자의 저술이 미국의 변방이면서도 중심부 못잖은 왕성한 수입과 소개가 이루어지고 있는 작금의 상황을 돌이켜보건대, 그리고 하우어와스와 견주어도 손색이 없는 뛰어난 실천신학자인 윌리몬의 저작이 그나마 먼저 소개된 것에 비하면 이토록 인색한 대우에는 뭔가 조금 이상한 침묵의 카르텔이 느껴질 정도다.

　그는 자유주의 신학의 심장부에서 자라나 아나뱁티스트anabaptist인 존 요더John H. Yoder의 영향을 받은 평화주의자pacifist라는 점, 미국과 자유주의 양자에 대해 전투적 발언을 서슴지 않는 실천적 성향, 칼 바르트에게서 물려받은 자연신학에 대한 강한 반발은 보수주의를 닮은 데가 많다. 해서 철 지난 레테르이기는 하지만, 진보 보수 양 진영 모두에게 두루 두루 통하는 것이 되레 약점이 되어 꺼려하지 않았나 추측해 볼 따름이다. 딱히 절대 지지층이라 할 만한 이들이 없는 것이 한 요인이 아닐까 싶다. 모두에게 더 없이 절실하지만 동시에 삼키기에는 쓰디쓴 부분이 한두 군데가 아니기 때문이다.

이런 그가 왔다. 하우어와스로 인해 우리는 주류 신학과는 차별된 새롭고 독특한 신학의 세계를 경험하게 되었다. 물론 본격적인 그의 신학과 윤리를 이해하기에는 이 책이 다소 아쉬운 점도 있다. 그의 이야기 신학narrative theology도, 교회론도, 성품 윤리character ethics나 의료 윤리도, 자유주의화된 미국 비판도, 평화주의도, 탈현대postmodern에 관한 그의 담론도 아닌 주기도문이라는 것이 그리고 단독이 아닌 공저라는 것이 성급한 독자들의 바람을 온전히 충족하지는 못할 듯하다.

그럼에도 이 책으로 그가 신학계에서 차지하는 독특한 위상과 지점을 파악하는 데는 전혀 무리가 없다. 도리어 그의 신학과 윤리가 이 책에 잘 녹아있으며 그를 기다려왔던 이들이 비단 전문적인 신학자만이 아니라 일반 목회자와 신자, 청년들에도 많았던 것을 감안하면 더 잘 된 일인지도 모르겠다. 이 출중한 신학자가 평상시 신학이란 모름지기 교회를 위한 것이라는 점을 힘주어 말한 것을 감안할 때, 이 대가의 신학이 이 책 곳곳에 흩어져 있어서 조금만 주의를 기울이면 기대 밖의 성과를 거둘 수 있을 것이다. 그래서 전체는 부분의 총합 이상이지만, 부분 속에도 전체가 있다고 하지 않던가.

하우어와스, 그와 함께 읽자

이 책은 사실 있는 그대로의 주의 기도가 아니다. 말 그대로 해석이고 해설인 한에 있어서 저자들의 신학이 자연스레 스며들 수밖에 없다. 성경 각 권이 저자의 개성과 신학, 정황을 배제하고 결코 읽을 수 없듯이, 그리고 그것들이 계시의 한 방편인 동시에 오늘 우리가 성경을 깨치는데 유효하듯이 이 책 역시 하우어와스의 신학이라는 틀 안에서 이해해야 한다. 그러니까 주의 기도를 통해서 하우어와스의 신학을 읽는 것과 그 반대로 그의 신학을 통해서 주의 기도를 읽을 수 있다는 것이다.

첫째, 기도와 신학은 노력이 아니라 은혜이다. 하우어와스는 철저하게 자연신학적 전통을 거부한다. 창조 세계에 언뜻 일별할 수 있는 창조주의 흔적을 토대로 신학을 전개하는 것이 교회와 신학이 타락했다고 그는 확신한다. 세상과의 연속성을 강조하는 것은 세속적인 것이 교회와 신학으로 쉽게 침투할 수 있는 경로를 열어주는 어리석은 짓이다. 하나님의 계시인 창조나 출애굽이나 예수님의 십자가 사건 중 그 어느 것도 인간의 노력이나 수고가 개입된 적이 없으며 오로지 하나님의 은총이었고 선물이다.

기도는 신학과 마찬가지로 우리의 노력이 아니다. 주의 기도는 인간이 만들어 내거나 창안한 것도 아니다. 기도는 우리가 배워야 할 것이며 기도하는 예수님께 가르침을 청해야 할 무엇이다. 내 의지와 언어로는 할 수 없기에 그분의 행위에 의지하고 기반하는 것, 그분의 은총을 덧입는 것이다. 예수님을 그렇게도 졸졸 따라다녔던 제자들이 대개 어수룩하고 아둔하고 불순종하는 것으로 그려지는데, 거의 유일하게 칭찬받을 만한 행동이 있다면 그것은 기도를 가르쳐 달라는 단 하나다. 내가 기도하는 것이 아니라 예수 그리스도 안에서, 그분을 사이에 두고, 그분을 통해서 우리는 하나님과 소통한다. 이를 두고 은혜라는 것 외에 달리 무엇이라 말할까.

둘째, 기도와 신학은 교리가 아니라 이야기이다. 전통적으로 신학은 합리적인 학문 혹은 사실적인 분야로 간주되어 왔다. 신학이란 말의 어원을 볼 때 하나님을 합리적이고 이성적인 언어로 풀어내거나, 하나님의 계시를 과학적인 사실과 분리되지 않은 것으로 설명하려는 작업이었다. 이것이 근대가 이해한 신학이었다. 순수 추상으로서 객관적인 진리 입증. 성경은 살아내야 할 진리가 아니라 증명되어야 할 역사적이고 과학적 가설로 전락하였다.

여기서 간과된 것이 진실한 삶이다. 진리Truth는 있으되 진실함truthful이 없다. 기독교에 대한 신조나 교리를 잘 암송하는 것이 좋은 신자의 전형이었다. 그것들이 발생하고 자라난 삶과 역사라는 문맥을 떠나는 순간 기독교는 삶이 사라진 지식이 되었다. 물론 교리는 기도를 돕는 역할을 하지만 보조적이거나 후차적인 것이다. 하여, 그는 "기껏해야 신학이란 그리스도인들이 신실하게 기도할 수 있도록 돕는 일련의 상기자에 불과하다"고 기포드 강좌 서문에서 대담하게 말한다.

기도 역시 마찬가지다. 기도란 우리가 알아야 할 일련의 명제들의 나열이 아니라 우리가 살아야 할, 그리고 배워야 할 이야기다. 기도란 하나님과의 대화라는 고전적 정식이 말하는 바는, 기도란 하나님과의 사귐이라는 김영봉 목사의 공식이 의미하는 바를 현대 신학적 개념으로 바꾼다면, 그것은 기도는 이야기란 말과 통한다. 예컨대, 주의 기도에서 하나님을 아버지라고 부르는 것은 그분과 우리 사이가 가족 관계라는 것을 말한다. 해서 아버지라는 말은 정보와 지식의 축적이 아니라 한

솥밥 한식구라는 관계와 삶의 이야기 속에서 사용되는 말이다.

 셋째, 기도와 신학은 공동체적이다. 어거스틴과 데카르트는 신학을 개인화시켰다는 비판을 받는다. 어거스틴은 그의 「독백록」에서 오직 자신이 알고자 했던 유일한 것은 하나님과 자기 자신 외에는 아무 것도 없다고 단언했고, 데카르트는 세계에 존재하는 모든 것의 유일한 토대야말로 이성적 인간이라고 하였다. 여기서 인간이란 개인을 지칭한다. 이렇게 신학과 철학은 공동체와 격리된 한 고독한 영웅적 행위가 되었다.

 자유주의가 슐라이에르마허에게서 보듯이 개인의 내적 경험에 신앙의 확실성을 찾은 것도, 그 정반대 편에 선 근본주의자들이 역사적이고 과학적 사실에서 신념의 확실성을 추구한 것도 모두 교회 공동체를 위한 말씀으로서의 성경을 오해하고 오도한 것에 기인한다. 양자 모두가 서로 대척점에서 상호 비판하지만, 하우어와스가 보기에 교회 공동체의 삶과 실천, 신자의 제자도라는 맥락을 잃어버린 것으로 본다는 점에서 양자는 결국 오월동주이다.

 성경은 아무런 매개나 중재 없이 해석되지 않는다. 모든 신자와 교회 공동체는 성경을 실제 삶으로 구현하는 제자들의 무리이자, 세상을 향해 성경을 그 삶으로 해석하는 사회이다. 그러니까 성경은 교회를 통해서 증언된다. 그래서 베드로는 성경을 사사로이 private 한 개인이 마치 제 자신이 성경의 주인이자 해석의 최종 권한을 가진 양 제 마음대로 해석하지 말라고 명령하는 것이다. 성경은 공동체를 위한 것이기 때문이다. 교회와 성서는 둘이 아니다.

 하우어와스는 주의 기도에서 '우리'라는 말이 얼마나 많이 반복적으로 나타나는가를 놓치지 않는다. 하나님 아버지는 일반적인 그 누구나,

또는 나만이 아니라 우리 아버지이고, 일용할 양식도 내 것이 것이 아닌 가난한 자들의 양식을 위한 간구이며, 일방적으로 죄를 용서하고 받는 자가 아니라 서로 용납하는 것이고, 나뿐 아니라 공동체 식구들도 시험에 빠지지 않도록 우리는 기도한다. 이는 주의 기도가 얼마나 관계 중심이고 공동체적인가를 여실히 보여준다. 사실 우리가 하나님의 가족이자 백성으로 부름을 받았다는 것은 공동체의 일원이자 일부가 되었다는 것을 자명하게 전제한다. 그러므로 주의 기도는 신자 공동체 모두가 함께 드려야 한다.

넷째, 기도와 신학은 정치적이다. 신학적 자유주의와 근본주의는 교회의 정치 참여에 대해 상반된 입장과 역사를 가지고 있다. 세속적인 공공 영역에 대한 발언을 자유롭게 하는 측이나, 그것을 꺼려하고 기피하는 측이나 하우어와스가 보기에 신학의 정치적 성격을 제대로 파악하지 못하고 있다. 자유주의의 정치적 발언의 기반은 성경이 아니라 당대의 진보적 담론을 되풀이하거나 성경적 언어로 포장하는 것에 지나지 않는다. 근본주의는 말하기조차 민망할 정도다. 겉으로는 정치와 무관한 척, 담을 쌓고 사는 듯이 보이지만 그 내면을 들여다볼라치면 지배 이데올로기와 견고하게 밀착하고 있음을 보게 된다.

하우어와스는 일관되게 신학은 정치적이라고 한다. 교회가 하나의 정치적 공동체라고 서슴지 않고 말한다. 이는 존 요더의 영향으로 그들은 교회가 국가를 대신하는 대안 공동체이며, 교회 자체가 하나의 사회라고 말한다. 그것이 바로 예수의 사역 캐치프레이즈였던 하나님 나라는 왕조 국가에서 감히 사용할 수 없는 것이며, 그 나라가 임하기를 기도하는 것은 기존 지배 세력의 눈으로 보면 두말할 필요 없는 반란이다. 현재의 권력자와 국가를 두고서 예수를 왕이라고 노래하고 이 세상과 전혀 다른 나라가 도래하기를 기도하는 것이 반역이 아니고 무엇이란 말인가.

이토록 주기도문은 위험천만한 영적이고 정치 행위이다. 우리는 주기도문 곳곳에 기도가 얼마나 정치적인가를 볼 수 있다. 그 예로 하나님 나라뿐 아니라 나라와 권세와 영광이 우리 중 그 어떤 사람이 아닌 하나님의 것이어야 한다는 기도도 정치의 하나이다. 기도는 일용할 양식 이상의 것으로 배부르면서도 하루 먹을 것을 위해 기도하는 이의 밥에 눈독을 들이는 강대국과 강자의 논리에 대한 저항의 정치이다. 일용할 양식이면 족하지 그 이상을 얻고자 하지 않겠다는 것은 자본의 논리를 거스르는 기이한 행동이다.

시험에 들지 않도록 기도하는 것 역시 어떤 영적 전쟁을 전제로 한다. 하나님의 자녀인 우리를 주님이 가르쳐 주신 바대로 기도하며 살지 못하게 하는 보이지 않는 권력들이 존재한다. 가부장적 구조, 인종주의와 민족주의, 미디어에 이르기까지 이 모든 것들은 자신들이 세상을 구원할 것이라고 떠들어대지만, 주의 기도는 그것이 오히려 유혹자이며, 참 구원자는 예수님이라는 것을 선언한다. 하나님의 이름을 경망스럽게 농담의 소재로 삼는 것보다 그 하나님을 십자군과, 히틀러의 독일군의, 침략전쟁을 축복해 달라는 기도가 최고의 신성모독이다.

이처럼 기도는 단지 일신의 안위와 편안을 위한 것이 아니라 자신도 모르는 특정한 정치적 견해가 투사되어 있다. 우리의 기도가 성경과 예수의 정치가 아닌 세상과 지배 이데올로기에 암묵적으로 배후 조종당하는 것은 아닌지 돌아 볼 일이다. 이제 기도가 정치적이라는 것을 인정하자. 탈정치라는 이름으로 기도를 지배 집단과 결탁한 자신의 야망을 뻔뻔스럽게 감추려하지 말자. 우리가 의식적으로 기도가 정치라는 것을 인식할 때, 우리는 보이지 않는 악한 영적 권세와 타락한 세계의 구조에 대해서 보다 예민하게 느끼고 그것을 기도의 자리로 들여 올 수 있다. 기독교와 기도는 본질적으로 정치적이다.

다섯째, 기도와 신학은 성품이다. 하우어와스는 우리가 먼저 제자가 되지 않고서는 결코 예수를 따라 살 수 없다는 다소 기발하고 엉뚱해 보이는 논리를 펼친다. 요컨대, 예수의 제자가 먼저 되지 않고서는 예수를 믿을 수 없다. 예수를 믿어야 제자가 되는 것은 당연지사이거늘, 왜 그는 이런 생경한 논리를 고집하는 걸까. 게다가 그는 어느 책에서 미국의 그리스도인이 더 이상 성경을 읽혀서는 안 되며 그 손에서 성경을 **빼앗아야** 한다는 과격한 주장을 한 적이 있다. 성경을 읽지 않고, 달리 말해서 말씀을 듣지 않고서 어떻게 믿음이 생기겠는가.

그의 생각은 이렇다. 제자가 되는 것은, 성경을 주야로 묵상하는 것은 근본적으로 세상과 전혀 다른 이질적인 정치 철학과 구조에 입각한 삶을 살겠다는 것이다. 성경을 들을 귀가 없으면 말씀이 자신에게 요구하는 것이 과하고 불가능해보여도 아브라함처럼 신실하게 순종할 의사가 전혀 없으면서도 계속해서 성경을 독서하는 것은 성경 밖의 잣대를 뒷받침하는데 이용하자는 속셈에 지나지 않는다. 그러기에 지금도 그가 살고 있는 미국은, 그가 비판하듯이 전쟁의 합리화에 성경을 악용한다.

그러기에 주의 기도는 반복해야 하고 학습되어야 한다. 주기도문을 반복적으로 기도함으로 그렇게도 단단하기가 철옹성이던 내 뜻을 내려놓고 아버지의 뜻에 순종하게 되고, 그리도 밉던 원수의 얼굴에서 하나님의 얼굴을 보게 되는 동시에 원수의 얼굴이 다름 아닌 내 얼굴임을 감지하게 되어 나도 용서받은 자라는 사실, 또한 나도 누군가의 원수라는 사실을 깨닫게 되어 그를 용서하게 된다. 날마다 되풀이 하여 기도할 때

기도한대로 행동하게 된다.

주기도문을 계속해서 기도하면서 우리는 날마다 일용할 양식 이상의 것을 탐내던 고삐 풀린 욕망을 거두어들이게 된다. 하나님의 거룩한 성품을 닮게 된다. 이 기도의 정신이 제2의 천성이 되고 습관이 되도록 끊임없이 되풀이해서 기도해야 한다. 우리의 모습은 우리가 기도하는 바대로 되어간다. 기도는 우리의 지성이 아니라 속사람까지 성숙케 한다. 우리말로는 성품, 품성, 개성, 성격 등으로 번역되는 'character'는 내가 보기에 '됨됨이'가 가장 어울린다. 그의 말과 행동, 심지어 작은 몸짓 하나와 얼굴 표정까지도 그의 됨됨이를 반사한다. 그가 기도하는 말은 그의 됨됨이를 반영하는 것이고, 따라서 주의 기도는 우리의 됨됨이를 형성한다.

하우어와스, 그와 함께 가라

이 책을 집중해서 읽으면, 저자들의 해석이 한편으로 주께서 직접 가르치신 그 기도를 복원하고 있다는 것과 함께, 주의 기도가 문자가 아니라 지금 여기서 우리가 살아내야 할 진리라는 것을 확인하게 된다. 기도는 은혜이며 예수와 우리의 삶의 이야기가 하나가 되는 것이며, 주의 기도로 우리는 하나님의 백성 공동체의 일원이 되며, 세상에 속하지 않는 나라의 정치적 현존을 세상과의 대결도 마다하지 않고 증언하게 되며, 자신의 온 존재를 새롭게 형성하는 것을 볼 것이다.

그러기에 우리는 '아멘'이란 말로 응답하고 결단을 공적으로 공포한다. 주의 기도의 마지막 말은 알다시피 '아멘'이다. 지적으로 '옳다'는 것이고, 시간적으로는 '그렇게 될 것이다' 는 확신이요 소망이며, 실천적으로는 '나도 그렇게 하겠다' 는 결의가 담긴 말이다. 저자들은 계속해서 이 기도가 얼마나 위험한 것인지를 누차 강조하였다. 일용한 것들을 더 많이 축적하고 싶고 용서하기는 죽기보다 싫은데 그걸 버리면 끝장일 것 같은데 그만두라고 버리라고 기도한다는 것은 말처럼 쉬운 일이 아니다. 그리고 인간이 어디 하나님의 거룩과 완전한 용서를 흉내라도 낸다는 것이 어디 가당키나 한 말인가. 그럼에도 우리는 우리의 의지와 욕구, 성향을 거슬러 '아멘' 이라고 외친다.

바람이 있다면, 그의 주요한 신학적 윤리 저작들과 미국과 사회 정치 비판과 평화주의, 그리고 두 분의 저자가 함께 쓴 또 다른 몇 권의 경건서적들이 골고루 소개되었으면 하는 것이다. 개인적으로 제일 먼저 소개되었으면 하고 바랬던 Resident Aliens가 출간을 준비하고 있다는 소식이 더 없이 반갑다. 부디 그의 저술을 통해 탈현대를 통찰하는 안목과 교회를 교회답게 하는 자기비판, 비폭력적 평화주의 삶을 사신 예수를 뒤따르는 제자도의 길에 하우어와스는 좋은 동반자가 될 것이라 믿어 의심치 않는다. 그대 부디 하우어와스와 함께 가기를. 아멘!

 「주여, 기도를 가르쳐 주소서」 윌리엄 윌리온 · 스탠리 하우어와스 / 이종태 옮김
복있는사람 / 2006

함께 읽을 책

| 산상설교는 누구에게?
게르하르트 로핑크 / 정한교 옮김 / 분도출판사 / 1990

"산상수훈대로 가르치고 사는 교회가 있다면, 나도 그 교회에 다니겠소." 뛰어난 달변가로 잘 알려진 문학평론가 이어령 교수가 이재철 목사가 시무하던 주님의 교회에서 한 강연의 핵심 요지이다. 사람들이 교회를 두고 이러쿵저러쿵 말들이 많다. 교회라면 넌더리가 난다는 듯이 고개를 가로젓는다. 하지만 그 이면에는 교회를 향한 갈망이 숨어 있다. 참된 교회. 예수가 말하고, 성경이 기록하고, 초대교회가 실천했던 바로 그 교회에 대한 욕구를 그들이라도 감출 수 없다.

내가 이 책을 권하는 이유는 두 가지다. 하나는 주기도문은 적어도 산상수훈의 전체 맥락과 흐름 속에서 이해해야 하기 때문이다. 퍼즐 맞추기를 한두 번은 해 보았을 것이다. 부분은 전체 그림과 윤곽 속에서 제 의미를 찾는다. 주기도문도 마찬가지다. 이 안에 복음의 모든 것이 들어있다 해도 과언은 아니지만 그래도 마태복음과 산상수훈과의 연결고리를 놓쳐서는 안 된다.

산상수훈은 하나님 백성 공동체인 교회가 무엇인지 그리고 교회의 삶은 유대교와 당대의 로마와 그리스와 어떻게 다른 것인지를 가르친다. 로핑크는 산상수훈이 세상의 어떤 공동체와도 구별되고 대조되는 독특한 공동체를 설교하는 예수님을 정확하게 집어낸다. 그 공동체는 구약의 염원을 철저화하고, 폭력이 아니라 평화와 용서가 온전히 지배하는 사회이다. 무엇보다도 이 설교는 바로 교회 공동체를 향해 주신 것임을 역설한다. 이는 우리가 듣고 잊어버려서는 안 되는 시행하고 실천해야 하는 그리스도인들의 윤리 강령이다. 내게 주신 말씀이다. 이 책을 읽고 '내가 그 말씀을 살아야지' 하는 결단과 순종이 있기를 바란다.

| 세상의 포로 된 교회
마이클 호튼 / 김재영 옮김 / 부흥과개혁사 / 2001

마이클 호튼은 교회가 세상을 변혁하긴 커녕 도리어 포로가 되었다고 미국 교회를 진단한다. 그가 보기에 그리스도교 복음은 특정한 이데올로기나 문화가 아님에도 불구하고 미국의 보수적 교회는 미국적 이데올로기와 문화로 변질시켰다. 그들의 본래 의도는 세상을 개혁하는 것이었다. 그러나 그 결과는 비극적이게도 세상이 교회를 닮는 것이 아니라, 그 반대로 교회가 세상을 닮고 말았다. 세속주의에 물들고, 복음과 율법조차 구별하지 못하고 특정 국가와 집단의 이익을 하나님 나라의 복음의 전파와 동일시하였던 것이다.

그의 진단은 주기도문대로 살자는 것이다. 주기도문의 정신의 실천이 교회를 회복한다. 세상을 개혁하기 전에 교회가 먼저 개혁되어야 한다. 그러나 그 개혁은 오해하듯이 세상 참여를 부정하거나 산 위로 도피하자는 것이 아니다. 정치와 도덕을 복음과 구별하자는 것이지 무시가 아니다. 그리고 사회 개혁에 있어서 그 전략과 방법을 세속적인 이데올로기에서 찾지 말고 성경에서 구해야 한다. 그 싸움은 실용적인 전술에 매몰되지 말고 싸움의 본질이 영적이라는 것을 간파하고 긴 호흡으로 신학적인 투쟁을 전개해야 하고 한다. 맞는 말이다. 저자의 미국 보수 교회 진단과 처방 중 일부가 눈에 거슬리고, 불편해 보여도, 큰 그림을 그리는데 유용하다, 그것도 상당히.

| 주기도문 강해

김세윤 / 두란노 / 2000

　로핑크의 책이 주기도문을 산상설교의 맥락 속에서 이해하자고 소개했고, 호튼은 주기도문이 사회변혁의 키워드일 수 있기에 추천했다면, 김세윤의 책은 주기도문을 성서신학자의 시각에서 읽는데 도움이 되기에 권한다. 주기도문을 주기도문으로 읽어야 하기 때문이다. 그리고 주기도문이 마태복음 버전만이 아니라 누가복음에도 있다는 것을 간과해서는 안 된다. 하여, 마태의 주기도문과 누가의 것이 책상에 함께 올려놓고 비교, 대조하면서 이해하는 것은 필수적이다. 그런 점에서 이 책은 주기도문을 이해하는데 필수적이다.

　예수의 사역과 삶은 한 마디로 하나님 나라로 압축할 수 있다. 저자의 말처럼, 주기도문은 예수의 하나님 나라의 운동의 핵심과 정신이 요약되어 있다. 현재 우리 교회와 삶은 철저히 하나님 나라와 주기도문에 의해 조직되어야 한다. 이 책을 권하는 까닭이 여기에 있다. 주기도문은 결국 기도문이다. 우리의 기도 내용이 무엇이어야 하는지, 그리고 어떻게 기도해야 하는지에 관한 최고의 교본이다. 이 뛰어난 신학자는 간간히 주기도문에 비추어 본 한국교회의 모습과 기도생활을 질타한다. 그래도 그의 말 속에 한국교회를 향한 짙은 애정과 희망을 본다. 그래서 이 책을 다시 한 번 읽게 되는가 보다.

4장
공감 셋_ 영성은 살아있다

주와 함께 달려 가리이다
디트리히 본회퍼의 그리스도 중심적 영성
죄와 은혜의 지배
통쾌한 희망사전

믿음으로 산다는 것은 '주와 함께 달려 가리이다' 라는 고백을 삶으로 살아내는 영성이다. 성경에서 말하는 영적 탁월성은 현대적 기준으로 보아서는 해석되지 않는 실패의 삶에 진배없다. 그러나 부르신 자의 부름에 합당한 삶을 위해서라면 그 어떤 시선에도 불안해하지 않고 오히려 눈물 흘릴 수 있는 영성이야말로 주님을 향한 살아 있는 영성이다.

그래서 이 영성은 본회퍼에게서는 그리스도 중심적 영성으로 불린다. '신도의 공동생활' 에 대한 공동체적 영성의 도전은 그의 마르지 않는 깊이 있는 영성이 현대가 회복해야 할 매우 중요한 영성의 본질임을 보여준다. 자녀로서 성숙한 성인이 되어 이 세상에 그리스도의 헌신적 삶을 살아낼 수 있는 영성의 깊이, 뿌리가 흔들리지 않아야 살아 있을 수 있다.

죄와 은혜의 지배 중 우리의 영성이 어디에 뿌리 내리고 있는가? 은혜의 지배 아래 사는 삶이야말로 창조의 목적에 부합한 삶이다. 그럼에도 죄의 실존은 너무나도 분명하여 개인과 공동체 모두를 흔들어 놓는다. 죄와 은혜의 문제가 개인적 차원에 머물지 않고 공동체적 영성과 맞닿아 있는 근본을 파헤쳐야 한다. 죄로 인한 심각한 공격의 실존과 현실을 처절하게 직시해야 한다. 영성은 죄의 실존과의 투쟁이다.

그래서 영성은 슬픔을 통과한 유쾌한 웃음이 될 수 있다. 우리의 통쾌한 희망사전의 기록은 더 이상 슬픔과 좌절과 고통을 무시하는 즐거움이 아니다. 따라서 매순간 우리의 시간은 하나님의 시간이 될 때 진정한 희망이 우리의 삶에 기록된다. 한바탕 웃는 웃음은 고뇌하는 인간에게서 희망을 찾지 않고 하나님에게로 눈을 돌릴 때 찾아오는 영성의 일상화이다.

바벨론 강가에서
_주와 함께 달려가리이다

| 진짜 그리스도인답게 살 수 없을까?

　감옥에 갇혀도 옥문에 옥죄이지 않고, 도리어 옥문을 열어젖히는 삶. 세상에서 떠나지 않으면서도 보내신 자의 뜻에 합당하게 진리로 거룩하게 사는 삶. 무제한의 속도와 경쟁이 휘몰아치는 세상에서도 낙오하여 피곤에 지치지도 않고, 그렇다고 허망한 야망에 자신을 내던져 버리지 않는 삶. 이런 삶이 도대체 가능한가? 가능하다면, 누가 그런 삶을 살거나 했나? 이 질문에 대해 유진 피터슨은 온실이 아닌 거친 풍랑이 이는 시대의 흐름 속에서도 수월한 삶이 아니라 탁월한 삶을 산 모범과 멘토로 예레미야를 추천한다. 그가 보기에 예레미야는 그 탁류 속에서 표류하지 않고 한결같이 탁월성이 구현된 삶을 산 인생이다.
　피터슨의 책이 갖는 탁월함은 탁월함에 대한 가치관을 완전히 뒤집어버렸다는 것이다. 탁월한 인생을 산 그리스도인의 기준이 되는 성서 인물을 꼽으라면 대개 요셉, 다니엘, 다윗, 느헤미야의 범주에서 맴돈다. 이들은 직업적인 종교인이 아닌 평신도라는 점, 그리고 모세나 엘리야와 같이 기적이 없어도 하나님의 꿈과 말씀을 따라 살았다는 것, 그리고 숱한 역경을 딛고 정상의 자리에 올라섰다. 오늘날의 청년 그리스도인들에게 귀중한 모범이 아닐 수 없다.

하지만 이들이 각광받는 이면에는 여전히 성공주의 또는 성공신화가 자리한다는 것은 부정할 수 없다. 탁월함의 기준이 정상이고 성공이라면, 구원의 계시인 성경과 CEO들의 경영철학서와 무엇이 다른가? 우리의 소망은 보이는 것에 있지 않다. 광야의 세 가지 유혹은 하나님을 가시적인 것으로 묶어 두어 삶과 신앙의 안정성과 확실성을 보장하려는 시도이다. 우상숭배에 다름 아니다. 예수는 기적이 아니라 십자가로 하나님의 아들됨을 입증하셨다.

그런데 피터슨은 예레미야다. 예레미야의 삶을 지배하는 코드는 온통 실패이다. 그는 자신의 의지와 상관없이 선택받았다. 그의 일은 하나님의 백성들의 종교적이고 민족적인 자만심에 철저하게 태클을 거는 것이다. 23년 동안 열심히 전한 그의 메시지는 그 시대에 받아들여지지 않았다. 그는 남들이 모두 희망에 들떠 있을 때 홀로 그만이 절망했고, 모두가 낙담할 때에 아나돗의 밭을 구입한 세상과 동떨어진 비현실적인 사람이다. 게다가 전승에 의하면 그는 원치 않는 땅 이집트로 동족들의 손에 끌려가서 그들로부터 돌아 맞아 죽음을 당하였다. 인생을 이렇게 비극적인 종말을 맞이한 이 사람이 어떻게 "최상의 삶을 살도록 격려하고 그렇게 살 수 있도록 안내하는 역할"(16)을 한단 말인가?

탁월함에 대한 기준을 바꾸면 된다. 세상의 기준을 버리면 된다. 탁월함이란 자신을 부르신 부름에 한결같은 삶을 사는 것이다. 히브리서 11장의 믿음의 사람들이 생애동안 일구어 놓은 업적으로 치자면 보잘 것 없다. 아벨은 죽었으나 그 믿음으로 지금도 말하고 있다. 예레미야의 평생 사역의 성적표는 성과의 기준으로 보면 초라하기 짝이 없다. 그럼에도 그는 23년 동안 아침마다 새로운 주의 말씀을 들었고, 그것을 부지런히 꾸준하게 전하였다. 그는 사역으로 말하지 않고 인격과 삶으로 지금도 말한다. 꼭 필요한 일은 한 가지뿐이다. 외적인 상황의 변동이나 성취와 무관하게 사명을 따라 올곧고도 한결같은 것, 이것이 탁월한 인생이다.

우리는 그야말로 이 세상에서 이방인이요, 나그네이다. 우리는 원치 않는 곳에서 원치 않는 사람들과 함께 산다. 신앙의 불행이 원하는 바 선은 행하지 않고 원치 않는 악을 저도 몰래 어느새 일삼는 것이라면, 인생의 불행은 원하는 사람과는 이별이요, 원치 않는 사람과는 함께, 그것도 오래 살아야 한다는 숙명이다. 예수의 삶도 매일반이었다. 예수도 배신하는 제자들과 조롱하는 군중들 한 가운데서 사셨다. 다만 차이가 있다면, 그분은 운명처럼 주어진 삶의 조건을 사명의 기회로 삼으셨다는 것이다. 자신을 둘러싼 원수들을 사랑하시고 용서하셨으며 하나님 나라를 선사하셨다. 그러니 세상 한 가운데 흩어져 사는 것은 우리가 세상에 존재하는 하나님 나라의 씨앗이 되라는 것이다.

이스라엘 백성에게 바벨론 포로기는 말 그대로 최악의 상황이었다. 정체성 위기란 말조차 필요 없을 정도다. 성전이 없으니 제사도 없고, 더군다나 제사장도 없다. 어찌 그리고 어떻게 이방 땅에서 시온의 노래를 부를꼬. 하지만 그들은 이 저주 받은 땅에서 약속의 백성으로 존재하는 법, 하나님이 없다고 말하는 곳에서 하나님의 백성으로 산다는 것이 무엇인지를 진지하게 탐색하였다. 바벨론 땅에서 예루살렘의 삶을 살라고 예레미야는 도전한다. 하늘의 시각으로 바벨론에서 사는 것은 유배당한 자를 향해 하늘이 지정한 몫이다. 도저히 하나님이 계시지 않아 보이는 곳에서 예전과 다른 낯선 그러나 새로운 하나님을 만났다.

이스라엘 백성들이 가장 풍성하게 하나님을 체험한 곳은 출애굽 당시의 광야였고, 포로 생활을 한 바벨론이었다. 성전 체제에서 하나님의 입에서 나오는 성경의 말씀으로 사는 신앙으로, 특정한 날의 제사에서 일상에서의 생활로, 제사적 예배에서 성경의 교육으로, 제사장 중심에서 평신도 중심의 신앙으로 전환했다. 그들은 최악의 상황에서 최고의 하나님을 만나서 최선의 삶을 살았다.

믿음으로 산다는 것은 세상 한 복판에서 그리스도와 함께 행하는 것이다. 우리가 만약 초월과 피안의 세상에 산다면, 우리에게 고난도 없지만 사명도 없다. 그리스도와 함께 있는 것이 더욱 좋으나 이 땅에 사는 것을 더 유익으로 여긴다. "그가 있고 싶지도 않은 이집트라는 장소에서 그를 몹시도 괴롭히는 백성과 함께 있으면서 흔들리지 않는 신실한 삶, 숭고할 정도로 용기있는 삶, 무정하게 배척당하는 삶, 한마디로 하늘 높이 우뚝 솟은 장엄한 인생을 계속 살아간다." 하나님의 백성들은 예레미야처럼 산다. 바벨론 강가에서….

 「주와 함께 달려가리이다」 유진 피터슨 / 홍병룡 옮김 / IVP

본회퍼의 영성 이야기
_ 디트리히 본회퍼의 그리스도 중심적 영성

| 요즘도 신학이 필요한가?

내게 신학에 대한 일반적 인상을 바꾼 책과 저자가 몇 명 있다. 그 첫 번째는 칼 바르트의 「교회 교의학」이다. 그는 신학이란 다른 여타의 학문과 같은 방법론을 사용해야 하는 엄밀한 과학이라고 주장하는 하르낙에 저항하면서 신학의 과제는 설교라고 선언한다. 「교회 교의학」은 조직신학이 아니라 차라리 설교였다. 읽으면서 빨간색 펜으로 밑줄을 박박 그어두거나 옆 여백에 '아멘' 이라는 추임새를 넣던 기억이 지금도 새롭다.

다음은 구스타보 구티에레즈이다. 그의 책 「해방신학」은 이론이 하나의 참여 행위라는 증거가 되었다. 신학이 내적인 논리 일관성만이 아니라 외적인 현실 적합성을 고루 지녀야 한다는 것을 배웠다. 철학자들은 지금까지 세계를 해석해 왔으나 이제는 그 세계를 변혁해야 한다는 마르크스의 포이에르바하에 관한 테제 11번은 신학에서도 유효하다.

또 한 사람이 디트리히 본회퍼이다. 나는 본회퍼를 통해서 신학이 이성적인 분과이면서도 동시에 영성 깊은 우물일 수도 있다는 것을 알았다. 그의 「신도의 공동생활」은 그 어떤 영성 작가, 예컨대 헨리 나우웬이나 리처드 포스터의 것보다 더하면 더했지 결코 덜하지 않는 영성의 마르지 않는 샘이다. 본회퍼를 읽으면 기도하고 싶어진다. 자연스레 무릎이 꿇어진다. 천재적인 학문 이력과 나치와의 투쟁과 순교의 아우라에 더해 그의 영성은 강력한 파워를 내뿜는다.

요즘도 그리스도가 필요한가?

이 본회퍼 신학을 영성의 측면으로 기술한 좋은 책이 나왔다. 본회퍼 전문가이자 목사인 존 매튜스는 비체계적인 본회퍼 신학이 오늘 우리에게 어떤 의미가 있는지를 요목조목 잘 정리해 준다. 본회퍼 신학을 관통하는 핵심 질문은 "오늘 우리에게 그리스도는 어떤 의미인가?"라면, 우리의 물음은 이것이다. "오늘 우리에게 본회퍼는 어떤 의미인가?" 다시 말해 우리는 본회퍼를 통해서 어떤 그리스도를 만날 수 있는가?

오늘날은 같은 전환과 위기의 시대이다. 서양인들에게 기독교 없이 서양을 말할 수 없다. 신의 존재는 서구 형이상학의 화룡정점이었고, 도덕의 기초였고, 삶의 지표였다. 신을 전제하지 않고서는 어떤 것도 제 의미를 확보하지 못했다. 이제 더 이상 기독교는 당연하지 않다. 본회퍼는 우리 시대를 기독교의 토대 붕괴라고 단언한다. 라플라스의 말마따나, 신이라는 가설이 없이도 세상은 잘도 설명이 되고, 잘도 돌아간다. 물질적 세계는 물질적 법칙에 의해서 기계적으로 작동하고 있어서 세계 밖의 초월적 존재는 거북하다. "요즘도 신이 필요한가?"

본회퍼는 신을 당연시하던 세계에서의 그리스도가 아니라 하나님 없이도 잘도 돌아가는 세상에서 그리스도가 어떤 분인가를 묻는다. 그분은 전혀 다른 새로운 토대요, 기둥으로 해석한다.

첫째, 개인에서 공동체의 그리스도이다. 신앙은 그리스도의 몸인 교회에 참여하는 것이다. 그 몸의 일부가 되지 않고서는 구원은 없기에, 교부들은 지당하게도 '교회 밖에는 구원이 없다'고 선언했다. '나 홀로' 신앙이란 없다. '다 함께' 신앙이 있을 따름이다.

둘째, 형이상학적 초월자에서 세상 한 가운데 현존하는 그리스도이다. 그리스도는 현실과 괴리된 피안의 저 세계 또는 도피처를 제공하는 분이 아니라, '지금 여기에서' 삶의 모델이자 원형이다. 그리스도는 세상 한 복판에서 인식할 수 있다.

셋째, 그리스도는 삶의 일부분이 아닌 전 영역에서 경험된다. 특정한 종교적 장소나 관습, 행동에 국한되지 않는다. 모든 곳에 계신다. 그러기에 기도가 아니라 전 삶의 영역에서 전방위적인 기도 곧 실천을 통해서 그리스도를 반사해야 한다.

넷째, 그리스도는 고난 가운데 인식된다. 기독교가 가진 자의 편이 되었다. 자연히 고난과 멀어질 수밖에 없다. 고통을 해결하려고 임시변통으로 하나님을 찾는다. 그러나 십자가의 그리스도는 고난 가운데 존재한다. 우리를 고난의 자리로 부른다. 우리는 타인을 위한 고난에 동참할 때 그리스도를 발견한다.

마지막 기둥은 어린 아이에서 어른이 된 세상에서 성숙한 그리스도를 선포해야 한다. 어른이란, 자신에게 주어진 일을 회피하지 않고 대면해서 능숙하게 처리하는 이라 할 수 있다. 그러니 제 스스로 능히 할 일을 감당하지 않으면서도 불안에 사로잡혀 기도에 몰두하는 것을 신앙인양 착각하고 호도해서는 안 되겠다. 늘 하나님께 물어야 하지만 지금도 일하시는 그리스도를 따라서 그분이 공급하시는 힘으로 멋지게 해결하는 성숙이 필요하다.

위의 기둥들은 세상 한 가운데서 그리스도의 의미이다. 기초가 송두리째 흔들리는 상황에서 의인이 할 일은 그 바닥부터 갈라지는 세상에 계신 그리스도를 주목하는 것이다. 동시에 세상의 것으로 환원되지 않는 신앙의 신비인 그리스도를 간과해서는 안 된다. 그래서 터가 무너지는 때에 의인이 해야 할 일은 신앙의 비밀 훈련, 보다 정확히 말해서 '신학 신비 교육' disciplina arcani이다. 이는 고대 교회가 콘스탄틴 이후 물밀듯이 밀려오는 개종자들이 옛 관습을 따라 기독교를 왜곡하지 못하도록 시행한 엄격한 훈련을 지칭한다. 신앙의 신비를 깨닫지 못하는 불신자가 조롱하지 못하도록 감추고, 초신자에게는 천천히 가르쳤다.

철저한 훈련이 없는 세상 봉사가 되는 순간, 교회는 사교단체나 클럽이 된다. 하지만 세상 속으로의 투신이 없다면, 교회는 수도원과 다를 바 없다. 그러니까 신자는 노동자의 일상과 수도자의 영성이 고루 겸비되어야 한다. 교회는 일터이자 쉼터다. 본회퍼는 세상 속의 신자, 타자를 위한 교회를 지향하지만 그것으로 환원되지 않는 복음의 신비를 여전히 보존하는 방법을 궁구한다. 세상 한 가운데 있지만 세상과 경계선을 분명히 긋는 신앙을 간직하는 훈련이 절실하다.

요즘도 본회퍼가 필요한가?

본회퍼는 늘 시대마다 새롭게 읽혀지는 것 같다. 비종교적 세속화의 시대에는 신 죽음 신학의 원조로, 자유를 향한 머나먼 여정에서는 저항의 아이콘으로, 신학도에게는 신학적 천재요 기적으로, 모든 신자들에게는 영성의 원천으로 해석한다. 행동하는 지성으로 약자와 아픔을 함께 하는 감성, 교회와 세상 한 가운데서 그리스도의 현존을 발견하는 영성에 이르기까지 본회퍼는 마르지 않는 샘으로 언제나 다시금 읽혀질 무진장 보고이다.

백오십명이 채 되지 않는 작은 교회가 7개 분야에서 75가지의 사역을 하면서 우리 돈으로 약 백억의 예산을 집행하는 작은 공동체인 세이비어 교회는 내적인 삶과 외적인 일의 조화를 어느 누구보다도 추구한다. 그 많은 사역을 감당하면서도 그들은 하루에 한 시간 이상 조용한 침묵 기도를 드린다. 이들이 이렇게 세상을 향해 놀라운 사역을 할 수 있는 원동력이 기도에 있다면, 세상을 향한 섬김의 원리는 본회퍼에게서 빌려 오는 것 같다. 그곳에는 섬김의 리더십 학교가 항상 개최되는데 그 가운데 중요한 과목과 과정이 본회퍼 읽기라고 하니 말이다. 지금도 계속해서 본회퍼 연구는 주기적으로 진행된다고 한다.

작년이 본회퍼 탄생 100주년이었다. 이즈음 본회퍼에 관한 한두 권의 책을 읽어보는 것은 어떨까? 이 책을 지도 삼아 영성의 고전인 「신도의 공동생활」과 제자도의 텍스트인 「나를 따르라」를 꼭 읽어보기를…. 직접 읽는 것이 부담스럽다면 본회퍼의 삶과 신학을 고품격 소설로 풀어낸 「진노의 잔」이나 본회퍼의 친구이자 제자요, 최고급 해설자인 에베하르트 베트게가 쓴 본회퍼 전기도 참 좋다. 누구라도 쉬 읽을 수 있는 아주 간결한 요약본인 이 책을 제일 먼저 읽는 것이 본회퍼 읽기에 큰 도움이 될 것이다.

 「디트리히 본회퍼의 그리스도 중심적 영성」 존 매튜스 / 공보경 옮김 / SFC / 2006

함께 읽을 책

| 디트리히 본회퍼
에버하르트 베트게 / 김순현 옮김 / 복있는사람 / 2006

이 책은 본회퍼의 제자에서 친구, 친구에서 동지로, 끝내 가족이 된 베트게가 쓴 전기이다. 그는 가장 뛰어난 본회퍼 해설자이자 본회퍼의 유고 편집자다. 그가 쓴 방대한 분량의 전기는 본회퍼의 삶과 신학에 관한 한 가장 권위 있는 작품과 텍스트로 정평이 나있다. 그 책을 일반 독자를 위해 내용과 분량을 일반 독자를 위해 친절하게도 저자 자신이 간략히 요약한 것이 바로 이 책이다.

이 책이 고전적 지위를 누린다고 해서 읽기를 부담스러워하거나 지레 겁먹을 필요는 전혀 없다. 앞서 말했듯이 저자 자신이 잘 요약했을 뿐만 아니라 수십 장의 본회퍼 관련 사진을 실어서 이 책의 추천자 김영봉 목사님의 말처럼 글과 문자로는 전할 수 없고 볼 수 없는 것을 보게 해 주기 때문이다. 이 화보들만을 훑어보는 것만으로도 본회퍼의 삶의 진정성과 아름다움을 한껏 느낄 수 있을 것이다.

| 진노의 잔
메리 글래즈너 / 권영진 옮김 / 홍성사 / 2006

이 책은 소설이다. 작가적 상상력으로 그려낸 본회퍼의 내면은 진노의 잔을 받아 마시는 우리 시대의 진정한 순교자다. 그는 한 마디로 예수님처럼 원치 않았지만, 하나님의 뜻에 순종하여 그분이 주시는 잔을 받아 마셨다. 본회퍼의 딜레마는 신앙의 본질과 조국의 현실, 둘 중 하나를 선택해야 한다는 데 있었다. 조국 독일이 전쟁에서 패망해야 기독교 신앙과 유럽 문명이 살아남지만, 동족이 처할 암담한 현실을 생각하면 나라의 패배를 무턱대고 지지할 수만은 없는 상황이 이 천재적인 신학자로 하여금 고민하게 했던 것이다.

게다가 그는 평화주의자였다. 어떠한 전쟁과 폭력도 그리스도의 이름으로 행할 수 없고 그리스도의 제자는 평화의 일꾼이어야 한다는 확신에 차 있었다. 몇 차례나 간디를 방문하여 그와 함께 생활하며 평화주의를 더 깊이 배우고자 했던 그로서는 히틀러 암살 모의에 가담하게 될 때, 겪었을 내적 고민은 이루 말할 수 없었을 것이다. 그 고민의 산물이 바로 「윤리학」대한기독교서회이다.

글래즈너는 조국을 등지고 평화주의를 포기 혹은 유보하는 본회퍼의 모습을 진노의 잔으로 정의한다. 그도 예수님처럼 남이 져야 할 짐과 남이 맞아야 할 채찍을 대신 맞음으로 나치의 편에 선 독일교회의 죄악을 대속할 수 있었다. 검으로 일어난 자는 검으로 망한다는 것을 알면서도 검을 휘두르는 자를 향해 검을 들어야 하는 이 기막힌 모순을 알면서도 자기를 희생해서 미친 운전수를 끌어내려야 하는 비극적 상황을 그는 온 몸으로 포옹했던 것이다.

오늘 우리 시대의 문제도 본회퍼의 딜레마가 다를 바 없다. 신앙과 무관하거나 배치되는 것에 그리스도의 이름으로 어처구니없는 데모가 난무한다. 평화와 거리가 먼 갈등과 대립이 갈수록 격화되고 있다. 본회퍼가 받았던 그 진노의 잔이 바로 우리가 마셔야 할 잔과 다를 바 없다는 것이 한편으로 슬프지만 다른 한편으로 그로 인해 새로운 길을 모색할 용기가 생긴다.

| 디트리히 본회퍼: 나를 따르라

엘리자베스 라움 / 길성남 옮김 / 좋은씨앗 / 2004

    베트게의 책이 평이한 전기의 형식이고, 글래즈너의 것이 소설의 형식을 빌린다면, 이 책은 앞의 두 책 보다 약간은 신학적이다. 위의 두 책에 견주어 본회퍼 저작 인용이 상당히 많고, 그의 생애를 풀어나가면서 전기적 사실만이 아니라 그것이 신학과 어떤 상호작용을 주었는지도 설명한다. 그래서 베트게를 통해서 본회퍼의 삶을, 글래즈너는 본회퍼의 내면을 읽을 수 있다면, 라움의 것은 그의 신학을 이해하는데 유용한 전기이다. 해서 본회퍼 저작을 읽고자 한다면 그 전에 읽으면 많은 도움을 얻을 수 있다.
    이 책의 특징은 원서에는 없지만, 역서에는 붙인 부제목에서 확연하게 드러난다. "행동하는 영성으로 폭력의 시대를 거스른 희생의 제자도" 본회퍼를 우리는 비종교적 해석이니, 교회론이니, 계시론과 같은 주제로 그의 신학을 읽을 수 있다. 그러나 그가 남긴 위대한 신학적 유산 못지않게 그가 여전히 각광받고 새롭게 주목을 끄는 것은 그의 삶에 있다. 그가 말한 대로 그리스도인의 표지는 고난에 있다고 했고, 그리스도는 고난 가운데 현존한다고 했는데, 말한 대로 그는 살았다. 구체적인 삶의 현장에서 그리스도를 경험하고 신학하는 것을 알고 싶다면 이 책을 사야 할 것이다.

죄와 싸우는 신자의 좋은 동반자
_죄와 은혜의 지배

우리 시대의 성학

　김남준 목사는 성학(聖學) Divines이다. "청교도 시대에 목회와 학문을 겸하던 경건하고 거룩한 목사"들을 가리키는 이 단어로 김남준을 불러도 좋다. 그가 흠모하는 존 칼빈, 존 오웬, 조나단 에드워즈는 한결같이 목회자였고, 신학자였다. 그렇지 않은가. 바울은 교회를 개척하고 사역한 목사였고, 땅 끝까지 복음을 전하기 위해 3차에 걸쳐 세상을 돌아다닌 선교사였고, 각 교회의 영적인 필요와 문제를 그리스도의 복음에 입각하여 진단하고, 비판하고 대안을 제시하였던 신학자였다. 그러니 모든 목회자들은 성학이고, 성학이어야 한다.
　내 흐릿한 기억으로 제일 먼저 읽은 그의 책은 「자네, 정말 그 길을 가려나」이다. 그 내용도 좋았거니와 꼼꼼한 각주가 인상적이었다. 그래서 그의 저작을 눈여겨 두었다가 부지런히 탐독했었다. 구약을 전공한 학자이자 청교도 연구가인 그의 발군의 실력과 언어에 내심 감탄했고,

그 이후에 발표한 많은 책들도 대개 기대를 저버리지 않았는데, 이 책 역시 예외가 아니다. 다만, 죄와 은혜의 교리가 거룩한 삶의 실천이 되기 위해서 풀어야 할 몇 가지 아쉬움을 토로하고자 한다.

구속과 창조

첫째, 김남준은 은혜의 지배 아래 사는 삶을 창조의 목적에 부합하는 삶으로 정의한다. 물론 구원은 창조의 회복이며, 완성이므로, 양자는 대립하거나 갈등을 일으키지 않지만, 두 가지 점에서 의문을 제기할 수 있다. 하나는 성경의 증언이다. 신약 성경에서 우리 삶의 영적이고 윤리적 규준의 근거로 창조를 삼는 것은 많지 않다. 예수는 결혼과 이혼 반대의 근거를 창조 질서에 두고 있고, 바울은 인간이 죄인임을 스스로 알 수 있는 까닭은 인간의 양심과 자연을 예로 드는 경우인데 이는 드물다. 그 외 대부분 신자의 은혜의 삶을 규정하는 것은 그리스도의 구속이다. "오직 너희는 그리스도 복음에 합당하게 생활하라." 빌 1:27 구약도 예외가 아니다. 십계명과 레위기와 신명기의 생활 규정들을 지배하는 문구는 우리는 애굽 땅에서 종살이했고, 하나님은 그런 우리를 구원하셨다는 것이다. "나는 너를 애굽땅, 종 되었던 집에서 인도하여 낸 너의 하나님 여호와로라." 출 20:2

다른 하나는 창조의 목적이 기독교 역사에서 악용된 숱한 사례에 지레 짐작으로 놀란 탓도 거든 것 같다. 현존하는 억압적인 질서를 창조의 일부로 재가하고, 그 결과 기독교의 수많은 죄악들이 창조 질서라는 이름으로 합법화되었다. 미국의 노예제도나 남아공의 흑백분리, 가부

장적 질서와 자연 파괴, 최근의 정당한 전쟁론에 이르기까지 이 모든 것이 창조의 논리에 의해 정당화되었다. 현존하는 사회적 질서의 승인과 내 안에 잔존하는 죄의 질서의 인정 사이에 모종의 상관관계가 있지 않을까?

은혜와 율법

둘째, 제목이 시사하는 바와 같이 이 책은 죄의 지배가 어떻게 신자의 삶 속에 작동하는지에 초점을 두고 있다. 그런데 제목과 달리 은혜의 지배에 따른 죄의 승리에 대한 교리는 많지 않다. 전체적 분량으로 보면 반반이지만, 죄가 신자를 지배하지 못하는 이유를 다루는 2부에서도 죄와 율법이 차지하는 비중이 많으며, 은혜가 무엇인지를 설명하는 점은 약하다. 은혜의 교리를 다루는 부분에서도 죄와 율법과 힘겹게 싸우는 로마서 7장의 실존은 두드러지는 반면에, 압도하는 생명의 법으로 말미암아 죄의 정죄함에서 자유롭게 된 영혼의 경축은 상세하게 다루지 않는다.

칼 바르트는 자신의 논문을 '율법과 복음'이라고 하지 않고, '복음과 율법'이라고 한 연유를 이렇게 설명한다. "율법은 복음 안에 있고 복음으로부터 나오고 복음에 집약되기 때문에, 우리는 율법에 대하여 알기 위하여 무엇보다 먼저 복음에 관하여 알아야 하고 그 반대는 성립되지 않는다." "나는 내가 '율법과 복음'에 대해서가 아니라, '복음과 율법'에 대해서 말할 것이라는 점에 즉각 주의를 환기시키고 싶다"는 그의 말에 비추어 보면, 김남준은 '율법과 복음'에 관해 그리고 복음보다 율법을 더 많이 말하지 않는가?

실존과 공동체

셋째, 이 책은 은혜와 죄의 실존성을 결여하고 있다. 죄는 개인적이며, 그 장소는 내면적 마음이다. 이 마음의 보좌를 죄와 은혜는 서로 차지하기 위해 지금도 다투고 있다. 교회사는 모든 부흥과 은혜가 이 실존의 영역을 건드리면서 일어난다는 것을 입증한다. 김남준 역시 이 책을 쓰면서 많이 울었다고 고백한다. "책을 쓰는 동안, 많이 울었습니다. 때로는 이 교리를 알게 하셔서 짐승 같은 삶을 벗어나게 하신 은혜 때문에, 그리고 때로는 이런 찬란한 계시의 빛을 받고서도 아직도 불순종하며 살아가는 저 자신의 부패성 때문에…."

저자는 우리 안에 지배력을 확보하려는 죄가 어떻게 활동을 하는지(1부), 그럼에도 죄가 신자의 삶을 끝내 지배하지 못하는 이유(2부)를 찬찬히 설명한다. 하지만 정작 그 어디에서도 자신의 내면을 드러내는 법이 없다. 그 실상을 파악하기란 좀체 어렵다. 통상적이고 추상적인 죄의 지적이나 상당히 우회적인 언급만 있고 구체적인 고백은 보기 어렵다.

"신자 안에 있는 죄와 은혜의 지배에 관한 교리를 탐구하고, 그것을 오늘날의 독자들에게 설명하다 보니" 설명은 넘쳐나고 고백은 증발한 걸까? "참된 신자가 되고 싶어 하는 한 그리스도인의 구도의 흔적"은 그다지 볼 수 없다. 이 교리가 "자신의 신앙적인 필요에 의하여" 탐구되었다면, 찬란한 계시의 빛으로 인해 짐승 같은 삶으로부터 벗어나기 위해 피 흘리기까지 죄와 싸운 지난 2년의 김남준의 영적이고 내면의 공개는 독자의 영혼을 사로잡는 폭발력을 발휘했을 것이다.

넷째, 은혜와 죄는 공동체를 배경으로 해야 분명해진다. 모든 성경은 역사적 진공 상태나 상아탑이 아니라 특정한 상황에 처한 특정한 사람들을 향해 기록되었다. 예컨대, 빌립보서는 자기를 희생하지 않고 높아지려는 교만한 지도자들로 분열된 빌립보 교회가 낮아지신 그리스도의 모범과 마음을 배울 것을 촉구한다. 로마서는 유대인과 이방인의 갈등 속에서 믿는 자라면 누구라도 차별없이 의롭다 하시는 하나님의 은혜에 근거해서 서로 받으라고 권면한다. 두 서신 모두 하나됨을 설교하지만 상이한 공동체의 정황에 맞게 복음을 다른 각도로 조명한다.

바울이 그리스도인의 삶의 세 가지 표지로 제시하는 믿음, 소망, 사랑은 상황에 따라 달리 강조된다. 허구한 날을 분열과 싸움으로 지새우는 고린도서는 사랑을, 은혜의 복음을 율법의 행위로 변질시키는 갈라디아서는 믿음을, 도래하는 종말을 오해하여 현재의 삶을 포기하고 그 결과 이웃의 삶에 기생하는 데살로니가서는 소망을 다른 특성에 대해 우선시 한다. "약 20여 주간에 걸쳐서 교인들에게 설교되었고 많은 지체들이 저처럼 영혼의 어둠 속에서 헤어 나오는 은혜를 누렸습니다." 그렇다면 어떤 죄가 있었고, 어떤 은혜를 누렸을까? 이 책에서 열린교회 공동체와 신자들이 씨름한 죄와 은혜를 엿보고자 하는 것은 헛된 욕심일까?

좋은 동반자

마지막으로 이 책이 갖는 미덕은 예의 아쉬움을 극복하기에 충분하다. 영성과 도덕성이 담보되지 않는 각 개인이나 지도자들이 얼마나 허망하게 무너지는가? 실제로 그것이 다름 아닌 내 모습이다. 독재와 맞서 싸웠던 이들이 너무 빨리 기존 질서에 편입되고, 노동 운동이 그 대의를 돈 앞에 무기력하게 반납하고, 당대를 풍미했던 탁월한 가스펠 가수가, 뛰어난 영적 지도자들이 한순간에 개인의 영성과 도덕성을 지켜내지 못하고 내면에 숨어있는 잔존하는 죄의 지배력에 속절없이 몰락하고 있다.

그러므로 죄가 내 삶에서 작동하는 방식과 죄를 능가하는 은혜의 통치에 대한 지성적 혼란을 제거하고 확신을 심어줄 이 책은 언제나 요긴하다. 그가 누구이든지간에, 현재의 상태와 상관없이 끊임없이 은혜의 지배 아래서 거룩하게 살기 위해 "믿음의 경주를 다 달리고 선한 싸움을 모두 마칠 그 날까지" 삶과 마음의 보좌를 죄에게 넘겨주지 않고, 어두운 세상에서 찬란한 은혜의 빛이 되기를 원한다면, 우리 시대의 성학인 김남준과 이 책을 좋은 동반자로 삼아야 할 것이다.

「죄와 은혜의 지배」 김남준 / 생명의말씀사 / 2005

한바탕 웃음으로
_통쾌한 희망사전

| 사전 같지 않은 사전

사전(辭典)의 사전적 정의는 무엇일까? 인터넷을 검색해 보니, "사전은 서적의 한 종류로 한 언어의 낱말들만을 모으거나 또는 한 언어에 해당하는 다른 언어의 낱말들을 모아 일정한 순서로 배열하여 그 낱낱의 발음·뜻·어원·용법 등을 밝혀 놓은 책"이라는 설명이 나온다. 사전에서 회개라는 용어를 찾아보니 "이전의 잘못을 뉘우치고 고침. (비슷한 말) 참회"라고 쓰여 있다. 신학 사전을 찾아보았다. 대뜸 구약에서 회개라는 동사 niham은 35번, 그리고 신약에서 회개를 가리키는 단어인 '메타노이아'는 명사가 23회, 동사가 34회가 사용되었다고 친절하게 일러준다.

이런 공식 사전들은 알아야 할 많은 정보와 지식을 한없이 나열하고 우리는 그것들을 주워 담느라 바쁘다. 이런 유의 사전에서 우리는 회개하지도 않은 채, 그렇다고 회개할 필요나 도전도 받지 못한다. 일찍이

비트겐슈타인이 사전의 폐해를 지적하기를 "모든 것을 똑같게 만드는 언어의 위력, 그것은 사전에서 가장 심하게 나타난다." 라고 하였거니와 일반 사전들은 평면적 개념 정의나 산술적인 사용 빈도에 대한 정보 제공에 그친다. 반면에 우리는 "그리스도 앞에 철썩 무릎을 꿇은 소리는 아직도 귀에 쟁쟁히"(63)기에 사전을 뒤적이다.

이번에는 뷰크너의 「희망사전」을 넘겨보자. '회개한다는 것은 제정신을 차리는 것'이다. 진정한 회개는 과거를 돌아보고 "죄송합니다"라고 말하기보다 미래를 바라보고 이렇게 탄성하는 것이다. '와!'(192) 정말 '와' 라는 감탄사가 절로 나온다. 이 정의는 일반사전과 달리 회개의 초점이 과거가 아니라는 것, 신학사전처럼 사용 횟수를 아는 것이 아니라 감사와 감격으로 '와'를 외치는 것임을 일깨운다.

이 책의 원제인 Wishful Thinking은 희망적 사고라고 번역된다. 이는 우리가 어떤 사실이나 의미를 감각하는 외부의 객관적 증거나 합의에 의거해서 해석하지 않고 해석자가 내심 바라는 대로 풀어내는 것이다. 즉 그 단어에 대한 자기 나름의 희망 사항을 담아서 설명한다. "이런 유의 작업은 으레 사전 어휘 자체보다는 사전 편찬자의 편견과 한계와 의욕이 더 드러나기 마련이다. 어쩔 수 없는 일 아닐까"(11). 하지만 마냥 어쩔 수 없다면, 그래서 있지도 않는 것으로 이미 있던 것에 덮어 씌운다면 그것은 현실의 왜곡이며 따라서 종교는 미망에 다름 아니다.

이 책, 「희망 사전」은 희망 사항에 불과하다. 반대로 있는 것을 예전과 전혀 다른 시각으로 보게 해서 너무 익숙해서 아무도 신경 쓰지 않던 단어들이 그 베일을 벗고 "어떤 식으로든 아침마다 우리가 침대 밖으로 나오도록 힘을"(10) 주는 단어가 되게 만든다면 「통쾌한 희망 사전」이 될 것이다. 이 책은 사전 같지 않은 사전, 하지만 사전 이상의 사전이다.

슬픔을 통과한 웃음

뷰크너는 웃음의 사람이다. 어린 시절의 아버지의 자살, 몇 년 후 삼촌의 자살이라는 가족사의 비극, 내성적 성격에 비를 좋아하고 책벌레인 내면사의 우울, 그리고 소설의 대성공과 곧 이은 실패의 여정은 그에게 죽으리만치 지루하고 무서운 삶을 안겨 주었다. 교회 건물이 너무 멋지다는 시시한 이유만으로 찾아간 교회의 설교는 그의 인생을 송두리째 바꾸어버린다. "예수님의 즉위식에 따라와야 할 것은 죄의 고백과 눈물, 그리고 큰 웃음입니다."「내 영혼의 스승들 2」 필립 얀시, 좋은씨앗, 137.

이 말을 듣고 정작 자신도 왜 그랬는지를 알 수 없지만 순간 눈물이 와락 솟구친다. 그리스도가 호탕하게 웃으시며 그의 삶 속으로 비집고 들어와 왕이 되는 순간이다. 인생의 비밀은 눈물인지라 눈물 없는 인생을 말한다면 그건 아예 빈껍데기일 게다. 기독교의 상징인 십자가는 죽음의 도구이다. 그래도 그것이 불러내는 생각은 희망이다(116). 슬픔을 머금은 웃음만이 삶을 견뎌내는 동력인 동시에 삶을 극복하는 원천이다.

이런 그의 이력이 이 책에도 예외 없이 고스란히 묻어난다. 뷰크너에게 믿음은 웃는 것이다. 하나님이 "한 발을 무덤에 걸치고 있는 여자가 곧 다른 발을 산부인과 병동에 들여놓고" 사는 아브라함 부부에게 아들을 낳는다 하니 웃지 않고 배길 수 없다. 어찌 웃지 않을 수 있겠는가? 이렇게 재미있는 하나님 앞에서 말이다. 아브라함만 웃은 것이 아니다. 예수도 웃는다. 만일 누군가가 십자가에 달려 있는 예수께로 가서 아프냐고 묻는다면 오래된 농담처럼 이렇게 답할지도 모른다. "웃을 때만 아프다." 그러나 그 말은 농담이 아닐 수도 있다. 믿음은 웃으면서 살듯이 웃으면서 죽기도 한다"(58). 그렇다. "믿음은 웃음이라는 이름의 아이에 대한 약속을 바라보는 웃음이다." 이 믿음으로 우리는 웃는다.

그렇다고 뷰크너의 웃음은 천박한 싸구려 농담이 아니다. 웃을 일 전혀 없는 고단한 현대인에게 복음은 참 웃음을 선사하는 좋은 소식이다. 그렇다고 웃을 일 만들자고 웃겨야 한다는 강박관념에 사로잡혀 어떤 식으로든지 웃기는, 참으로 웃지 못 할 현실에 뷰크너는 일침을 가한다. "복음 참 좋죠. 하지만 꼭 그렇게 심각하게 받아들일 필요가 있습니까"(34). 전쟁 같은 한 주를 시작하는 월요일 아침에 기억하는 유일한 내용이 설교 중 농담이라는 것은 그나마 웃어넘기자. 인간의 타고난 타락한 본성은 거룩한 계명마저도 죄의 기회로 삼으니 롬 7:11 설교를 기껏해야 만담으로 치부하는 것은 화낼 일이 아니다.

하지만 복음이 웃음을 주지만 웃음거리는 아니다. 그러기에 뷰크너의 웃음은 결코 가볍지 않으며, 등골이 오싹할 정도다. "아무리 좋아도 잘 기억나지" 않는 농담 같은 설교자를 향해 일갈한다. "자신들이 낭떠러지로 직행하고 있음을 깨닫지 못하는 설교자들은 더 안전하고 생산적인 일을 찾아 업종 변경을 해야 할 것이다"(91). 자청하지는 않았지만 하나님으로 취해서, 하나님에게 사로잡혀서 세상과 다투는 연인이 되고자 하는 선지자들에게 설교는 재담이 아니다.

되레 뷰크너의 웃음은 진지한 성찰을 요구한다. 철석같은 무신론자들은 자기도 모르게 신자라는 말에 좀체 웃음을 참기 어렵다. "무신론자들은 자기도 모르게 신자인 경우가 많다. 마치 신자들이 자기도 모르게 무신론자인 경우가 많듯이 말이다. 따라서 신이 없다고 진지하게 믿으면서 신이 있는 듯 살기도 하고, 신이 있다고 진지하게 믿으면서도 없는 듯 살기도 한다"(53). 신이 존재한다는 믿음 체계인 유신론이나 신이 부재한다는 신앙인 무신론이나 신으로 자신의 인생을 설계한다는 점에서 모두 신자다. 누가 신자인지 불신자인지 도통 헷갈리게 만드는 이 구절은 유신론자와 무신론자 둘 다를 겨냥한다.

하지만 날아온 돌에 맞는 것은 유신론자다. 무신론자들이야 애초에 신이 없다는 편에 모든 것을 걸었고 절대적 기준을 저버린 사람들이니 신이 없다면서 있는 듯이 좀 산다고 해서 무에 그리 나무랄 건가. 그러나 구원해 줄 신이 있으면서도 삶에 반듯한 기준이 있으면서도 그리 살지 않는다면 심각하다. 진정한 무신론자가 신의 무덤에서 춤추지 않는다면 유신론자도 자신의 무덤에서 춤출 수 없다. 불신앙의 어리석은 종말을 대놓고 큰 소리로 외치지만, 하나님과 무관하게 온통 땅의 것을 사랑하고 배를 신으로 섬기는 내 한심한 모습은 무신론자다. 이렇듯 뷰크너의 유머는 예기치 못한 일격이 있고, '저건 바로 내 얘기'라는 공감어린 웃음은 진지한 반성을 촉구한다.

그래도 뷰크너의 웃음은 즐겁다. 신학으로 종종 밥벌이하는 내게 "신학"이란 항목을 눈여겨 읽고서는 파안대소한다. "신학은 하나님과 그분의 방식에 대한 연구다. 아마 쇠똥구리도 우리 인간과 그 방식에 대해 연구하면서 그것을 인간학이라 부를지도 모른다"(113). 이 대목은 말 그대로 절묘한 촌철살인의 극치이다. 하나님을 안다고 떠벌이는 우리네 인간들의 말장난이 얼마나 허튼 짓거리인가를 기가 막히게 꼭 집어낸 것이다. "그렇다 하더라도 우리는 노여워하기보다는 감동하고 흐뭇해 할 것이다. 하나님도 그렇게 느끼시기를 바랄 뿐이다." 이 희망사항이 하나님도 그렇게 느낀다는 믿음을 표현한 것인지, 아니면 그렇게 여기지 않는 하나님에게 제발 그렇게 귀엽게 봐달라고 애원하는 것인지를 결정하지 못하고 한참을 망설이다가 나는 애원이 아니라 믿음이라는 쪽에 한 표를 던지기로 했다. 한참을 웃고 난 다음에 말이다.

애매하기 그지없는 세상에서

뷰크너는 평범한 일상이 담고 있는 하나님을 섬세하게 포착하는 대가다. 이 세상은 참으로 애매하기 그지없다. 모호한 세상은 신의 신비의 기록이다. 무엇하니 단정해서 딱 부러지게 말할 것이 드물다. 언표 가능한 것보다 불가능한 것이 더 많고 말할 수 있는 것보다 말할 수 없는 것이 더 삶의 토대를 이룬다. 삶의 모호함은 불명료가 아니라 신비의 다른 이름이다. 그러기에 "종교라는 말은 신비로운 순례의 길로 초청하는 인간 경험의 영역을 가리킨다"(158). 우리가 사용하는 샬롬이나 은혜 등은 "그 실체에 비하면 빛바랜 추억에 불과하다"(109). 내가 본 것들에 비하면, 본 것을 지시하는 글과 말들은 모두 지푸라기와 같다. 그래도 우리는 보고 들은 것을 말할 수밖에 없다. "지붕에 떨어지는 빗소리나 석양이 빚어내는 장관의 의미를 해석하려는 것만큼이나 불확실한 시도다." 「하나님을 향한 여정」 요단, 17.

육화된 말씀을 잡아내는 어려움을 안쓰럽게도 인간은 간편한 대체물을 찾는다. 그것은 몇 가지 명제와 논리의 다발로 이루어진 원칙이다. "원칙은 사람들이 하나님 대용물로 갖고 있는 것이다"(143). 원칙만큼이나 편리하게 하나님을 이용하기에 유용한 것이 또 어디 있겠는가마는 그 길의 결국은 바리새인과 율법주의자의 운명이다. 이것은 증명할 수도 없고, 증명해서도 안 되고, 증명할 필요도 없는 것을 증명하려고 안간힘을 쓴다. 이 허망한 짓거리를 뷰크너는 사정없이 웃음거리로 삼는다. "'논리'를 거꾸로 사용하면 '리논' 밖에 되지 않는다."(137) 생각해 보자. 왜 삶이 죽음보다 더 좋은지, 왜 사랑이 증오보다 더 좋은지는 증명할 수 있는가(59). 하나님의 은혜로 주어지는 기쁨은 예측불허이고

(31), 그분은 명사가 아니라 동사이기에(84) 증명이 아니라 경험되는 분이다(188).

뷰크너는 세상 속에 숨어 있는 하나님의 은혜를 추구한다. 아마 일반 독자들에게 뷰크너를 가장 먼저 소개한 것은 얀시의 「내 영혼의 스승들 2」일 것이다. 얀시가 그를 멘토로 삼은 이유는 너무 친숙해 버린 복음을 내 안에 숨겨진 평범한 삶을 탐험함으로써 얻을 수 있다는 가르침 때문이다. 편만한 고통과 지속적으로 들끓는 악은 아랑곳하지 않고, 자기 부인의 십자가는 외면한 채 종교의 이름으로 달콤한 앞날의 행복만을 움켜쥐는 식으로는(190) 하나님을 만날 수 없다. "성경적 관점에서 보면 역사는 견뎌 내야만 하는 부조리도 아니고 거부해야 하는 환상도 아니며 해탈해야 하는 영겁의 순환도 아니다. 그것은 우리 각자를 어딘가로 인도해 가기 위한 일련의 중대하고 반복될 수 없는 소중하고 유일한 순간들이다"(125). 그럼에도 그 현실에 눈감고 하나님을 찾는 것은 성육신의 신앙을 간과하는 치명적인 영적 바이러스다. "거룩한 순간은 어떤 순간, 어떤 장소, 어떤 사람에게나 일어날 수 있다." 평범한 매순간이 하나님의 시간이고 그 일상이 그분의 성소이므로 하나님은 바로 그곳에서 대면한다.

그러나 단번에 우리의 거룩의 여정이 종결되지 않는다. "종교인들이 특히 잘 저지르는 실수들 가운데 하나는, 자신들이 하나님보다 더 신령해지려고 하는 것이다"(101). 오히려 "지나치게 경건하려고 노력하는 나머지 오히려 넘어지는 수가 있다"(125). 신비한 하나님 앞에서 우리 "그리스도인은 다른 사람들보다 괜찮은 사람이 아니다. 더 분명히 알 뿐"(28) 더 이상도 그 이하도 아니다. 그럼에도 더 경건한 척을 하는 것은 우습다. "눈에 보이지 않는 힘을 조종하는 기술"로 자신의 삶의 안전과 미래를 제 스스로 확보하려고 그 본래의 취지를 떠나 마술을 부리는 주문인양 호도하는 현실에 뷰크너는 넌더리를 낸다. 경건의 언어보다 경건의 능력이 있는 삶이 하나님의 신비를 드러내는 그리스도인의 고유한 방식이다. 악보대로 연주한다고 좋은 음악이 되거나 옳은 연주는 아니다. 사람들이 흥겹게 발을 들썩이며 박자를(148) 맞추게 하는 것은 삶이다.

이 책은 "가능한 한 솔직하게 인생의 굴곡, 신비로운 사건들, 판단할 수 없는 결말 등이 뒤범벅된 자기 경험을 관찰하고 거기에 숨어 있는 인생과 하나님에 대한 진실들을 추상적이기보다는 구체적으로"「하나님을 향한 여정」, 13. 묘사하기에 그 울림의 진폭이 크고 깊다. 기독교에는 그런 희망의 이야기가 가득하다(192-193). 아직 실연되지 않은 시나리오가 있다는 믿음 그 시나리오는 진실이고 그것을 실현하는 것은 희망이라는 이야기가 기독교의 알맹이다. 그 웃음과 희망의 시나리오는 지금도 계속 상영되고 있다. 하나님은 뷰크너를 통해 우리에게 관객이 아니라 배우로 동참할 것을 권유한다. 한 바탕 큰 웃음으로 그 길을 갈 용기가 생겼다.

 「통쾌한 희망사전」 프레드릭 뷰크너 / 이문원 옮김 / 복있는사람 / 2005

함께 읽을 책

하나님을 향한 여정
프레드릭 뷰크너 / 이문원 옮김 / 요단 / 2003

"10년 전 나는 하버드에서 강연을 하면서 이런 말을 했었다. 신학이란 모든 소설처럼 그 중심이 자전적이며, 신학자가 하는 일은 가능한 한 솔직하게 인생의 굴곡, 신비로운 사건들, 판단할 수 없는 결말 등이 뒤범벅된 자기 경험을 관찰하고, 거기 숨어 있는 인생과 하나님에 대한 진실들을 논리적이고 추상적인 말들로 표현하는 것이라고. 신학자이기보다는 소설가로서, 추상적이기보다는 구체적으로, 나 자신의 인생을 솔직하게 그려보고 싶다. 그러는 가운데 내 삶의 복판에서 섬광처럼 목격했던 신학적 진실들이 다시금 빛을 발하지 않을까 기대해 본다. 예나 지금이나, 만일 하나님이 이 세상에서 말씀하고 계시다면 그분은 우리의 개인적인 삶 속에서 말씀하심을 믿는다"(13-14).

이 책의 저자, 뷰크너는 우리에게 친숙한 이름이 아니다. 눈 밝은 독자라면, 그의 이름을 어느 책에선가 보았을 법도 하지만 말이다. 뷰크너가 아니라 뷰흐너로 말이다. 하여간에 역자인 이문원 교수의 말처럼 소설가로서의 역량은 미국에서 크게 인정을 받았지만, 한국 그리스도인들에게는 생소한 이름이다. 뷰크너는 양시가 본 바로는 애니 딜라드가 자연 세계 속에 거주하는 하나님을 묵상한다면, 그는 자기 자신 속에 계신 하나님을 말한다. 그래서 위의 인용문에서 보듯이 자신의 삶에서 벌어진 일들을 믿음의 안목으로 찬찬히 되짚어내고자 혼신의 힘을 다한다.

그러니까 우리가 뷰크너를 읽는 목적은 자기 발견에 있다. 그는 미국의 대공황기의 궁핍한 경제적 여건, 아버지의 급작스러운 자살과 삼촌의 예기치 못한 자살로 인한 가정의 혼란, 2차 세계 대전 발발과 군 입대, 소설의 성공과 잇따른 슬럼프를 경험한다. 그는 이러한 삶의 주름 이면에서 여전히 역사하시는 하나님의 손길을 찾아낸다. 동시에 글쓰기로 자신의 내면의 공허와 갈증을 해명하고 채우고자 했다. 자신의 삶의 문제들을 어떻게 신앙적으로 이해할 것이고, 그 삶의 여정을 신앙과 자기 발견의 재료와 계기로 삼아 한층 승화시킨 총체적 안목을 배우고자 하는 이에게 뷰크너는 안성맞춤이다.

| 그리고 하나님이 웃음을 창조하셨다
콘라드 하이어스 / 양인성 옮김 / 아모르문디 / 2005

개그맨보다 더 웃긴다는 목사님의 집회에 참석하고 돌아온 벗의 말에 의하면 예배가 반드시 근엄하고 진지해야만 아니라는 것을 배웠다고 했다. 그렇다. 교회는 구원의 감격과 기쁨으로 크게 웃는 곳이다. 사실 C. S. 루이스의 말에 따르면 너무 진지해서 도무지 웃을 줄 모르는 유일한 존재가 사탄이다. 성경의 진리, 곧 예수가 전한 하나님 나라를 복음이라고 하지 않는가. 기쁜 소리, 좋은 소리라는 말이다. 구원에 대한 인간의 참된 반응은 눈물이라기보다는 기쁨과 웃음이다. 해서 느헤미야는 여호와를 기뻐하는 것이 너희의 힘이라고 하지 않았던가. 느 8:10

하나님은 유머러스한 분이다. 성부는 태초에 천지를 창조하신 다음 보시고 좋아서 웃으시고, 아브라함 부부에게 농을 거실만큼 웃음이 풍부하신 분이다. 성자가 웃었다는 본문의 기록이 없고 단지 우셨다는 기록만 있는 걸로 봐서 늘 심각한 표정으로 다니신 것 같다. 하지만 역발상으로 보면 전혀 다른 결과가 나온다. 하도 웃고 다녔기에, 웃음이 너무 헤프신 것이 지극히 당연한 이야기라서 하나 마나한 소리인지라 기록하지 않았다. 나는 그것이 예수의 진실에 훨씬 가깝다고 본다. 그 모습이 고루한 종교인들에게는 먹고 마시고 놀기를 좋아하는 분으로 비춰졌으니 말이다. 성령 또한 마찬가지다. 성령의 열매는 모두 밝다. 그 열매 각각이 거룩함과 직결되지만 그렇다고 사뭇 근엄함과는 동떨어진 것들이다. 성삼위일체 하나님은 이렇듯 유머러스한 분이다.

　콘라드 하이어스는 아무 표정 없는 얼굴로 드리는 예배를 마치 거룩하고 고상한 예배로 혼동하는 우리에게 신앙이란 얼마나 발랄할 것인지를 경쾌한 속도로 논의를 전개한다. 그가 보기에 초대 교회의 잘못이 있는데, 그것은 유머를 일곱 가지 미덕에 포함시키지 않은 것과 유머 없음을 일곱 가지 악덕에 집어넣지 않은 것이다. 그만큼 웃음을 하나님의 성품과 구원의 은총을 포착하는 정확한 단어이다. 그렇다고 하나님의 눈물과 고통을 망각하지 않는다. 그 눈물이 부활의 신비와 환희라는 괄호 안에 있다는 것 그리고 그 웃음은 세상의 지혜자가 바보가 되고, 바보가 지혜자가 되는 것, 스스로 높아진 자가 낮아지고, 낮추는 자가 높아지는 역전에 의한 것이니 경박한 싸구려 웃음은 아니다.

5장
공감 넷_ 세상 가운데 서다

루이스와 톨킨: 우정의 선물
가롯 유다로부터 온 복음
종교가 사악해질 때
마시멜로 이야기
누구인가, 나는

루이스와 돌킨 : 우정의 선물을 받아들이면서 우리는 세상을 향한 신앙의 상상력의 가능성을 본다. 두 사람의 우정은 신화와 사실이 만나고, 상상력과 이성이 만나며 하늘과 땅의 결합으로 발전한다. 둘의 꿈이 합쳐져 세상 가운데 아름다운 희망의 가능성으로 기록된다.

그러나 때론 우리에겐 배신자 유다도 찾아온다. **가룟 유다로부터 온 복음**에서 우리는 배신의 신학적 의미와 심리학적 치유의 세상에 들어선다. 유다는 회개를 잃어버렸기 때문에 예수와의 관계 회복의 기회를 잃어버렸다. 그럼에도 유다의 죄는 예수의 구속사역을 막을 수 없었다. 결국 하나님의 사랑은 모든 것을 극복한다. 그래서 유다는 돌아 와야 한다.

그런 점에서 **종교가 사악해질 때**는 기독교를 다시 반성하게 한다. 기독교가 진정한 종교라는 주장은 비그리스도인이 보기에는 너무나 폭력적 주장일 수 있다. 그렇기 때문에 종교가 사악해질 수 있는 위험을 기독교에 대입해 보는 것은 세상의 시선을 자기 반성적 도구로 부활시키는 지혜를 의미한다.

신앙을 자신의 야망을 성취하기 위한 도구로 사용할 위험성을 가진 이들에게 **마시멜로 이야기**는 조언한다. 왜 인생의 성공을 위해 달려가려고 하는 지에 대한 그 이유를 묻지 않고, 성공 이후 그 다음은 무엇을 할 것이며 그것이 왜 중요한 지에 대해 답하지 못한다면, 단지 성공을 위한 삶이 목적이 된다면 아직은 마시멜로를 먹을 때가 아니라고.

본회퍼의 삶은 이런 세상 가운데서 살아가는 우리에게 십자가의 자기 정체성에 대한 고뇌를 갖고 자신에게 질문하라고 권한다. **"누구인가, 나는"** 진리를 위해 유다처럼 타인을 희생할 것인가? 아니면 예수처럼 자신을 희생할 것인가?

믿음의 영웅들의 우정
_ 루이스와 톨킨 : 우정의 선물

　나는 이 책을 읽는 내내 히브리서 11장을 생각했다. '믿음장'이라 일컫는 이 본문은 믿음의 정의와 믿음의 사람들 이야기로 유명하다. 믿음은 존재하지만 육안으로 볼 수 없는 것을 보는 것이다. 믿음의 사람들은 구름처럼 우리를 둘러싸고 있을 만큼 허다하다. 죽음으로 말하는 아벨에서 믿음의 조상 아브라함, 세속의 영광을 좇지 않고 하나님의 백성과 함께 고난 받은 모세 등등. 이런 숱한 이름들은 한편으로 믿음이 무엇인가를 정의해 주고, 다른 한편으로 믿음의 역사가 지금도 계속된다는 증거이자 증인이다.

　믿음의 전기는 단지 성경의 기록에만 국한되지 않는다. 지금도 계속된다. 시쳇말로 '쭈~욱' 계속되어야 한다. 아마 히브리서의 저자가 이 대목을 다시 쓸 기회가 혹 주어진다면 루이스와 톨킨 두 사람을 추가하는데 인색하지 않을 것이다. 두 사람은 보이지 않는 것을 상상력으로 함께 들여다보았기 때문이다. 눈에 보이는 세계를 전부로 제한하지 않고,

이 세계 속에 감춰진 초월을 볼 줄 알았고 그것을 이야기로 드러낸 두 사람이야 말로 히브리서가 말한 믿음의 전형이 아니겠는가.

이 책은 루이스와 톨킨의 우정, 그리고 그 우정이 서로에게 남긴 영향과 격려를 다루고 있다. 듀리에즈가 두 사람을 매개한 것은 이야기와 우정이다. 요정을 둘러싼 이야기나 아슬란이 창조한 나니아는 오감으로 감지할 수 없는 다른 세계이며, 그것은 허상이나 가상이 아닌 엄연한 현상이다. 예나 지금이나 사람들은 눈에 보이는 것, 손으로 만질 수 있는 것이 전부요 진실이라고 단정한다. 그들에게 옷장을 열고 들어가는 세계나 마법의 반지는 허무맹랑한 환상에 지나지 않는다.

하지만 문학적 상상력 – 신앙으로는 믿음 – 을 발휘하지 않으면 세계를 있는 그대로 볼 수 없다. 신화와 사실의 결혼, 상상력과 이성의 결합, 하늘과 땅의 통합, 픽션과 논픽션의 통일, 이야기와 역사의 융합은 양립 불가능해 보여도 모두 동원해야 세상을 바르게 인식한다. 어느 하나만 있으면 결국 세계의 일부분만 감지할 뿐이다. 이런 점에서 두 사람은 믿음의 사람이다.

둘의 우정에는 갈등과 차이도 있다. 관심과 활동을 대중신학에 까지 넓힌 쾌활한 루이스와 깐깐한 학자풍으로 자신의 전문 분야에 집중해야 한다는 내성적인 톨킨의 성격, 암시적인 이야기를 선호한 톨킨과 기독교를 직접적으로 그려내는 루이스는 스타일에서 달랐다. 그리고 그들 사이에 끼어든 찰스 윌리엄스와 조이 데이빗맨은 둘의 관계를 냉랭하게 만들기도 했다. 그러나 저자의 말처럼, 둘 사이를 갈라놓는 구별점보다 엮어주는 공통점이 훨씬 많다.

톨킨은 루이스에게 절대적인 영향을 주었다. 톨킨은 어릴 때부터 루이스가 사랑했던, 그러나 억압하고 있었던 북유럽 신화와 아일랜드의 전설이 거들떠보지도 말아야 할 무용담이 아니라 진리를 담고 있다는 것을 끈덕지게 설득했다. 끝내 루이스는 오직 생물학적 세계만이 참 세계라고 여기는 속물적 태도로부터 신화와 이야기의 위대한 힘을 신봉하고 전파하는 그리스도인이 되었다. 반면에 루이스는 톨킨의 유일한 청중이자 아낌없는 격려를 해주었다. 루이스의 관심과 재촉으로 톨킨은 반지의 제왕을 완성하게 되었다. 그러니까 둘은 반지원정대와 같은 우정의 동료이다.

루이스는 「네 가지 사랑」홍성사에서 우정은 생존 가치가 아니라 문명 가치라고 했다(122). 우정은 삶의 유지에 직접적인 도움을 주지 않고, 보다 가치 있고 잘 살도록 돕는 것이다. 그리고 우정은 서로의 아름다움을 알아보게 하는 하나님의 수단이다(154). 이 말은 정확하게 루이스와 톨킨에게 적용되는 말이다. 그 둘은 각자의 삶에 충만한 의미를 부여해주었고, 내면에 감춰진 가치와 아름다움을 깨닫는데 일조한 하나님의 도구였다. 톨킨은 루이스가 문명의 유일한 가치인 그리스도에게로 회심하는데 결정적인 역할을 하였고, 루이스는 톨킨의 작품의 진정한 가치를 알았던 유일한 그리고 최초의 청중이었다. 그러기에 두 사람은 믿음의 증인의 반열에 설 자격이 충분히 있다.

나는 요즘 루이스로 인해 약간 흥분해 있다. 초등학교 4학년인 아들은 「나니아 연대기」에 푹 빠져 읽고 또 읽고 있다. 그간 아이가 지나치게 사실적인 과학이나 역사에만 관심을 두는 것이 못내 아쉬웠다. 루이스를 통해서 사실로 규명할 수 없는 진실의 세계에 눈뜨고, 초월의 감성을 훈련하게 되어 기쁘다. 아슬란에 대해, 나니아에 대해, 그 세계의 운명에 대해 함께 나누는 사이, 어느새 부자의 애정관계에서 보이지 않는 세상을 향한 믿음의 행로를 동행하는 친구의 우정 관계로 넓혀지게 되었다. 이 과분한 선물을 준 루이스와 톨킨이 한 없이 고맙다. 두 사람이 공유했던 꿈과 우정을 뛰어난 문장과 생생한 연구로 파헤친 저자의 수고가 더 없이 고맙다.

 「루이스와 톨킨 : 우정의 선물」 콜린 듀리에즈 / 홍종락 옮김 / 홍성사 / 2005

유다야, 집으로 오너라
_가롯유다로부터 온 복음

우리는 모두 가롯유다

'유다야, 집으로 오너라. 모든 것이 다 용서되었다.' 풀러신학교에서 조직신학과 목회학을 강의하는 레이 앤더슨이 샌프란시스코 한 레스토랑의 남자 화장실 거울에서 본 문구이다. 이 도발적인 글귀는 그뿐만 아니라 나 자신도 꼬리에 꼬리를 무는 물음이 이어진다. 유다는 용서받을 수 있는가? 유다의 배신은 용서받을 수 없는 치명적인 죄악인가? 만약에 유다가 용서를 구했다면, 그는 구원을 받았을까? 하나님의 구원은 인간의 행위에 의해 취소될 수 있는가?

우리 모두는 유다에 대한 알 듯 모를 듯 묘한 동정을 품고 있다. 우리는 가롯 유다와 다를 바 없기 때문이다. "우리 모두의 속에는 유다의 요소가 들어있다"(79)는 앤더슨의 말은 실상을 어느 정도 파악한 말이지만, 그 강도를 상당히 누그러뜨린 것이다. "우리 모두는 유다다"가 정확한 말이다. 복음서에서 기록된 바와 같이 예수의 죽음을 예비하는 한 여인의 숭고한 희생과 사랑을 돈으로 환산하여 비방하기를 서슴지 않는 유다의 모습은 조금이라도 열심을 내는 동료 신자에게는 무언가 꿍꿍이속이 있는 거 아닌가라고 의심하거나 경쟁한다는 점에서, 겉으로는 번지르르한 신자여서 입만 열면 주여, 주여를 외치지만 정작 몇 푼의 돈에 신앙 양심과 주일 예배, 성경 공부는 언제든지 내팽개치는 나는 영락없는 유다이다.

용서 받지 못할 죄는 없다

하나님이 용서 못할 죄는 없다. 이것이 앤더슨의 요지이다. 하나님의 은혜에는 한계가 없다. 어떤 조건도 없다. 그 어떠한 죄로도 거저 주시는 구원을 취소하거나 폐기할 수 없다. 그렇지 않다면 하나님의 자비보다 진노가, 은혜보다 율법이, 용서보다 죄가 더 강력하다는 말이 된다. 그러므로 우리는 앤더슨과 함께 말해야 한다. "유다에게 하신 '내가 너를 선택한 것이 네가 나를 배신한 것보다 더 중요하다' 라는 말씀은 심오한 신학적 진리의 요약이다"(113).

이 말은 그 무엇으로도 빼앗길 수 없는 하나님의 구원에 대한 바울의 장엄한 서사시 로마서 8장을 반향하고 있다. 하나님 외에 그 어떠한 피조물은 그분의 결정을 번복시킬 수 없다. 유다마저도 용서받을 수 있다면, 2천년 기독교 역사에서 가장 치졸하고 뻔뻔스러운 배반자의 이름으로 지금도 회자되는 유다가, 사람과 사람 사이의 우정과 신의를 헌신짝처럼 내팽개친 배신자에게도 하나님이 공평하게 햇빛을 주신다면 우리야 더 말해 무엇 하리오. 그런 점에서 우리 모두는 유다와 같이 범죄하더라도 동시에 용서받을 수 있다. 그것이 은혜다.

하지만 앤더슨이 간과하고 있는 것이 있다. 너무 쉽게 용서를 선언한다. 유다가 구약의 이스라엘을 대변하고 모든 인류를 대표하는 열두 사도의 반열에 있었다고 해서, 예수님의 밤샘기도 끝에 선택된 사도라고 해서, 인간의 선택이 아니라 하나님의 은혜로운 부르심에 의해서 구원받았다고 해서, "유다의 배신은 예수님과의 관계를 파괴할 만큼의 힘을 지니고 있지 않다. 왜냐하면 이 관계의 기초는 유다에게 있는 것이 아니라 그를 선택한 예수님에게 있기 때문이다"(112)라고 말하는 것은 잘못이다.

바울은 로마서 9-11장에서 이스라엘의 배교와 하나님의 선택을 설명한다. 이스라엘의 배교에도 불구하고 하나님의 은혜는 사라지지 않는다. 정녕 이스라엘은 버림받지 않는다.9:6; 11:1 여전히 남은 자가 있다.11:5 여기까지는 앤더슨의 말을 뒷받침한다. 그럼에도 그들은 원가지라도 아끼지 않고 꺾었다. 마음이 완악하고 불순종을 일삼는 그들 대신에 이교도였던 우리를 부르셨다. 본 자손들은 바깥 어두운데 쫓겨나 거기서 울며 이를 갈고,마 8:12 열매 맺는 백성들이 그 나라를 차지하게 된다.21:43 따라서 무한한 용서의 복음에서 배제될 수 없지만, 진노한 심판으로부터 자동 면제도 없다.

회개없는 용서도 없다

앤더슨의 논리에는 결정적인 무언가가 빠졌다. 회개다. 유다가 용서받을 가능성마저 우리가 박탈한다면 십자가는 불필요하고, 부활은 무력하고, 하나님의 공의는 너무 가혹하다. 반면에 무턱대고 은혜를 빌미 삼아 죄인에게 사죄를 선언한다면, 그것은 본회퍼가 그리도 근심했던 '값싼 은혜'에 불과하다. "값없는 은혜는 회개 없이 죄의 사유가 가능하다는 설교이며, 교회의 기율을 무시한 침례요, 죄의 고백 없이 베푸는 성만찬, 은밀한 참회 없는 면죄의 확인이다. 순종 없는 은혜, 십자가 없는 은혜, 산 사람 예수 그리스도를 무시한 은혜가 값없는 은혜라 하겠다."「나를 따르라」, 25-26. 따라서 그 크신 하나님의 사랑만을 노래하고, 회개와 훈련, 고백과 순종을 말하지 않는 것은 값싼 은혜에 지나지 않는다.

안타깝게도 앤더슨의 책 어디에도 회개의 촉구를 볼 수 없다. 그는 끝없이 유다와 그 유다를 닮은 우리에게 한없는 하나님의 사랑만을 반복해서 강조한다. "첫째, 유다의 눈이 열려 자신의 배신의 행위가 예수에게는 치명적인 것이 아니었다는 것을 볼 수 있어야 한다. 둘째, 자신을 용서받는 배신자로써 위치를 받아들이기 위해서는 자신을 보는 시각을 완전히 바꾸어 자신이 하나님의 은혜를 나타내는 강한 증인으로 변화되어야 한다는 것이다"(176). 죄는 주 안에서 용서받기 마련이라는 그의 말을 꼬투리 잡을 수는 없어도, 그렇다고 유다의 죄를 약화시키는 것과 회개하지 않은 죄에 대해 쉽사리 사죄를 선포하는 것은 값싼 복음이 아닐 수 없다.

이는 신약의 증언에 배치된다. 성경은 일관되게 하나님의 자비의 빛 아래서 우리의 사죄를 선언하는 것이 사실이다. 하지만, 그 빛 안에서 자신의 죄를 명명백백히 자복하지 않으면 안 된다. 죄는 인간 영혼에 치명적이다. 인간의 교만이 극에 달해서 감히 피조물이 하나님의 아들 예수를 비참하게 못 박아 죽였다. 베드로의 설교다. "그러므로 너희가 회개하고 돌이켜 너희 죄 없이 함을 받으라. 이같이 하면 유쾌하게 되는

날이 주 앞으로부터 이를 것이요."행 3:19

또한 교회사의 부흥 운동의 생생한 증거들과 거리가 멀다. 요즘 인구에 회자되는 1907년 민족 대부흥 운동의 시작을 알리는 사건은 이랬다. 길선주 목사님이 자신이 방위량 선교사를 극도로 미워했다는 회개의 고백과 함께 보기에도 비참할 정도로 땅바닥에 굴렀다고 한다. 이에 연쇄적으로 교인들이 일어나 자기의 죄를 고백하고 스스로 억제할 수 없을 정도로 울고 울며 회개했다. 그래서 부흥 운동을 회개 운동이라 하는 것이다.

이 책은 유다에 대한 신학적인 이해와 함께 심리적인 치유를 목적으로 하고 있다. 신학이 얼마간은 어긋나는 바람에 상실과 배신, 수치와 실패로부터의 회복은 의도와 달리 다소 빗나간 것 같다. 그럼에도 신자가 타락할 수 있는 극한을 보여주는 유다를 통해서 하나님이 용서 못할 죄는 없다는 것을 보여주는데 이 책은 어느 정도 성공하고 있다.

때때로 우리는 유다와 같이 돌이킬 수 없는 상실로 깊은 슬픔에 빠진다. 회복불능의 패배감에서 가룟 유다로부터 온 복음은 주 안에서 최종적인 말은 너는 이미 용서받았다는 것을 확인한다. 절망에 찌들어 엠마오로 가지 않아도 된다. 물고기나 잡으러 가자는 허망한 말을 지껄이지 않아도 된다. 유다마저도 용서받을 수 있다면, 하나님에게 씻을 수 없는 죄란 없다면, 나의 죄 역시 용서받을 수 있다. 진즉부터 잔치가 준비되어 있다. '유다야, 집으로 오너라. 모든 것이 다 용서되었다.'

 「가룟유다로부터 온 복음」 레이 앤더슨 / 진은경 옮김 / 가리온 / 2003

종교가 사랑할 때
_ 종교가 사악해 질 때

종교가 사악하다? 에덴에도 사특한 사탄과 사악한 죄가 있었다. 낙원을 약속하는 모든 종교는 필연적으로 타락의 가능성이 내재한다. "인간이 만든 제도라는 측면에서 모든 종교는 타락할 위험을 안고 있다"(62). 예수의 역사적 구현체인 교회는 자신의 욕망, 체제의 이익, 제국의 영광을 실현하고자 신의 뜻을 얼마나 사칭했는가를 기억한다면, 종교는 사악하다는 말이 기분은 나쁠지언정 대놓고 부정할 수 없다. 게다가 오늘의 한국교회를 보면 달리 무슨 말을 하랴.

미 남침례교에서 안수 받은 목사이자, 하버드에서 종교학을 전공한 찰스 킴볼은 종교가 세상에 폭력과 고통을 불러오는 사고방식과 행동의 분석을 통해 종교가 사악해지는 다섯 가지 징후를 찾아내고, 진정한 종교와 타락한 종교를 식별하는 요령을 제시한다. 종교가 특정한 이념과 해석을 절대적인 진리로 주장하는 것, 상호 대화와 건전한 의심을 배제한 맹목적인 복종을 강요하는 것, 이상적인 시대를 설정하고 국가에 실현하려는 것, 목적이 모든 수단을 승인하여 종교의 체제를 지키는 것, 때로 목적을 위한 수단이라기보다 모든 수단을 정당화해주는 목적이 되는 것, 마지막으로 전쟁과 폭력을 '거룩하다'고 선포하는 것이다. 이 중 한 가지라도 나타나는 것이 왜곡과 변질의 징후라면 다소간에 편차야 있겠지만 우리 시대의 종교 중 어느 종교가 예외에 속하랴.

내가 보기에 문제는 방향에 있다. 절대적 진리에 자신이 먼저 복종하지 않으면서 남에게 강요하는 것, 이상적인 시대를 각 종교 안에서 먼저 구현하지 않고 국가와 사회에 적용하는 것, 그래서 거룩한 전쟁이 바울과 같이 내 속에 거하는 죄에 대한 탄식과 투쟁이 아니라 이웃을 대상으로 삼는 방향의 왜곡에 있다. 간단히 말해 기준을 자신이 아니라 상대방에게 적용할 때, 그것은 타락의 징후이다.

기독교 신앙의 본령인 십자가는 자기부인이자 타자의 긍정이다. 자기 승인과 타자의 부정은 십자군의 정신일 뿐 그리스도와 무관하다. 진리를 위해 죽을 수 있는 자가 아니라 진리를 위해 죽일 수 있는 자를 조심하라. 톨스토이 말처럼, 모든 사람들은 인간이 변화되어야 한다고 생각하지만 정작 자신이 변화되어야 한다고 여기지 않는다. 그런 점에서 다섯 가지는 방향의 전도가 빚은 현상이 아니고 무엇이랴.

그렇다면 "종교 그 자체가 정말로 문제인가? 아니기도 하고, 그렇기도 하다"(17). 사람들을 타락시켜 악행과 폭력을 행사하는 힘이 종교에서 발견되지만, 동시에 인류 사회가 직면한 위기를 근본적으로 타개하는 지혜 또한 종교이다. 각 종교 안에는 교정할 수 있는 방법이 늘 존재한다는 것이 킴볼의 신념이다. '전통에 뿌리를 둔 포괄적인 믿음'에 깊은 열정을 갖고 사랑하면서도 평화를 위해 배타적 독선을 버리고 서로 협력하는 소수가 희망이다. 공통 위기에 대항해서 서로 다른 종교를 가진 사람들과의 협조 가능성을 배제하자는 의견이 각 종교 내에서 제출된 적이 한 번도 없다는 점이 해결의 실마리를 던지는 것이 아니고 무엇이랴.

여기에 하나를 더 덧붙이자. 대안은 종교 내의 긍정적인 힘으로 실천하는 사람이다. 문제가 방법method이 아니라 사람man이라면, 대안이 프로그램program이 아니라 인간person이라면, 최초의 120명과 같이 그분이 사신 대로 살아가는 소수의 무리가 기독교에 있다면, 행복하고 희망은 있다. 사악한 종교로의 변질을 막는 것은 서로 사랑하는 우리 손에 달려 있다. 기독교인이 될 뿐만 아니라 기독교인다운 삶(276)을 사는 것 외에는 달리 무슨 대책이 있으랴.

하지만, 저자의 글에도 짚고 넘어가지 않으면 안 될 것이 있다. 킴볼은 힌두교, 불교, 유대교 세 종교는 타종교에 대해 관용적이고, 기독교나 이슬람교에 비해 타락의 징후를 보이는 사례가 극히 드물었다고 한다(283). 사실 전 세계를 갈등으로 몰아가는 위험 요소 중의 하나가 근본주의이고, 그 중에서도 도드라지는 것이 기독교와 이슬람이라는 것이 사실이다. 이처럼 종교 근본주의가 종교 내부를 넘어서 세계정세 전체에 전쟁과 폭력의 불씨요, 화약고라는 점에서 기독교가 타락의 징후가 많다는 데에 어찌 반박하겠는가.

하지만 힌두교와 불교가 좀 더 관용적이고 수용적이라는 말을 너무 쉽게 받아들여서는 안 된다. 우리 눈에 명백히 보이는 종교 현상을 직시할 필요가 있다. 대표적으로 지금 인도 내부의 힌두교를 중심으로 벌어지는 격렬한 싸움과 분열은 서양종교가 무조건 배타적이라는 말에 쉽사리 동의하지 못하게 만든다. 하지만 조심하자. 자기반성은 하지 않고 애꿎은 힌두교만 집요하게 물고 늘어진다고 우리 잘못이 가려지는 것이 아니니까.

 「종교가 사악해질 때」 찰스 킴볼 / 김승욱 옮김 / 에코리브로 / 2005

아직(yet)인가? 결코(never)인가?
_ 마시멜로 이야기

| 이미(already)

책을 읽는 내내 머리를 떠나지 않는 한 사람이 있었다. 한순간의 배고픔을 참지 못하고 영악한 동생의 꼬드김에 넘어가 일생을 좌지우지할 장자권을 "배고파 죽겠는데 상속권 따위가 무슨 소용이냐"라는 황당한 말 한 마디로 간단히 넘겨 준 어이없는 사람, 자신의 의사와 상관없이 동생과 어머니의 합작으로 아버지의 축복을 빼앗긴 사람, 그 분노를 삭이지 못하고 아니나 다를까 홧김에 서방질한다는 옛말 하나도 그르지 않다는 것을 입증한 사람, 바로 에서다.

그것을 떠올리는 순간 입 안 가득 퍼져나가는 달콤하고 은은한 향기의 마시멜로 – 솜사탕을 생각하면 될 것이다. 초등학교 2학년이나 된 딸아이는 아직도 솜사탕을 좋아해서 종종 사달라고 떼를 쓰곤 한다. –를 고작 4살 된 아이가 15분, 그 잠깐을 기다려 두 배를 얻을 수 있다면, 누구라도 못 견디랴 하겠지만, 눈앞에 그 맛난 마시멜로를 두고 참는 것은 예삿일이 아니다. 제 스스로 통제할 만큼 성장한 다 큰 어른, 에서도 잠시의 배고픔을 참지 못했으니 말이다.

나 역시 마찬가지다. "금세에 있어 집과 형제와 자매와 모친과 자식과 전토를 백배나 받되 핍박을 겸하여 받고 내세에 영생을 받지 못할 자가 없느니라." 막 10:30 두개의 마시멜로를 먹기 위해 하나를 참는 아이가 공부와 인생살이에 성공할 확률이 상당히 높다면, 백배를 위해서 영원한 생명 위해 무엇을 못 참으랴. 감춰진 보화를 발견한 농부처럼, 진주 발견한 장사꾼처럼 신바람이 나서 참을 수 없는 웃음에 겨워 덩실덩실 춤이라도 추며 살아야 하지 않겠나. 그런데 그게 아닌 것을 보면 나는 이미 마시멜로를 먹어치운 네 살배기 아이요, 팥죽 한 그릇에 포만감을 느끼는 영락없는 에서다. '이미' 나는 에서다.

아직(yet)

이 책의 원 제목은 "마시멜로를 먹지 마라, 아직"이다. 그 누구도 바라마지 않는 성공을 쟁취하기 위한 특단의 비결은 당장의 이익을 먼 미래의 보상을 위해 포기하는 것이다. 요는, 곧바로 먹지 말고 조금만 자제하라는 것이다. 순간의 선택이 10년을 좌우한다던 예전의 전자 회사 광고 카피처럼, 30초만 돌이켜 생각할 여유를 갖는다면, "나중에는 더 많은, 더 달콤한 마시멜로를 차지할 수 있다"(165). 목전의 욕망과 충동을 억제하는 것이 내일을 특별한 날로 만드는 지혜다.

이 지혜는 15분을 잘 참은 아이들이 비단 학업 성취뿐만 아니라 인간관계 등에서도 뛰어나다는 것이 통계적으로 입증된다. 저자는 찰나적 기쁨을 좇던 운전기사 찰리가 새로운 성공의 세계로 진입하는 모습을 잘 그려주고 있다. 이 원리는 개인만이 아니라 자녀교육의 제일 원리도 된다. 마하트마 간디의 손자 아룬 간디는 청소년 시절 잠깐의 실수를 무마하기 위해 저도 모르게 거짓말로 둘러댄다. 이미 모든 것을 파악하고 있는 아버지의 자제력으로 그는 평생에 잊지 못할 커다란 교훈을 얻었다. "그 후로 저는 어떤 사람에게도 거짓말을 해본 적이 없습니다"(67).

「아직도 가야 할 길」에서 스캇 펙은 삶을 고해(苦海)라고 규정한다. 그는 고통의 바다를 헤쳐 나가는 네 가지 훈련 기술을 제시한다. 그 처음이 즐거움의 지연이다. 고통스러운 일을 먼저 한 연후에 즐거운 일을 하게 되면 인생을 제대로 즐길 수 있다는 것이다. "이것이 잘 살아가는 삶의 유일한 기술이다." 아이를 버릇없이 키우는 부모의 잘못은 바로 즐거움을 지연시키는 훈련을 제대로 시행하지 못한 것 그리고 그 역할 모델이 되어 주지 못한 것에 있다. 간디 이야기는 두 개의 마시멜로가 주는 즐거움을 위해 한 개의 마시멜로를 뒤로 미루는 것, 그리고 부모와 교사의 역할 모델이 성공한 인생에 차지하는 비중이 실로 크다는 경험적 증거이다. "내가 모범을 보이면 엄청나게 큰 영향력, 다시 말하면 설득력을 가질 수 있지. 그것이 바로 성공에 이르는 가장 강력한 도구네"(71).

이는 회사 경영에도 통하는 성공 원리다. 많은 회사들이 장기적인 안목에서 투자를 결정하기보다 순간의 이익에 집착해서 실패한다. 국가도 마찬가지다. 한때 세계 8위의 경제대국으로 올라 선 아르헨티나가 가장 풍부한 자연자원과 같은 호조건에도 불구하고 급격한 몰락한 원인은 마시멜로를 보자마자 다 먹어치운 때문이다. 성공한 회사와 국가들은 특별한 우수해서가 아니라 교육과 문화, 국민성과 관련된 것이다. 물론, 제3세계의 빈곤은 그들만의 탓이 아니라 잘못된 사회 구조와 서구 열강들의 탐욕이 삶의 의욕을 무참히 짓밟은 결과라는 점을 놓쳐서는 안 되지만 말이다.

매 학기 등록금 준비로 애쓰는 부모의 뒷모습을 보면서 한숨 쉬고, 학교에서는 투쟁하고, 교회에서는 달라고 기도하는 대학생들에게, 자녀들의 과외와 부모님들의 뒷바라지로 드리는 용돈에, 얼마간의 저축, 갖가지 명목의 세금으로 가슴 답답한 날을 보내는 부모 세대에게 세상에서 가장 아름다운 유혹, 성공을 위해 오늘 무엇을 해야 하는지를 일깨워 준다. 래리 버드처럼 호르헤 포사다처럼 당장이라도 성공을 위해 준비한다면, 이 책을 따라 실천한다면, 성공은 따 놓은 당상이다. 포사다는 유혹한다. "나는 분명히 약속한다. 이 책에서 배운 교훈을 실천하라. 그러면 여러분 앞에 성공의 마시멜로가 빛나는 태양처럼 떠오를 것이다"(169). 그리고 채근한다. "아는 것을 실천해야 힘이다"(18). 제 스스로 늦었다고 하기 전에 늦은 사람은 아무도 없다. '아직' 늦지 않았다.

| 결코(never)

어쨌든 이 책은 더 많은, 더 달콤한 마시멜로를 얻는 성공의 비결을 약속한다. 신자유주의 물결로 강한 자만이 살아남는 정글의 법칙이 지배하는 오늘 이 아침도 아프리카의 가젤이든, 초원의 지배자 사자이든 간에 무작정 뛰어야 하는 세상에 '성공'만큼 눈부신 유혹은 없다. 살기 위해서는 죽어라 내달리지 않는 한 사자의 먹이가 되는 운명의 가젤이나 반대로 그 가젤을 따라 잡아야 생존하는 맹수의 왕 사자의 모습이 우리랑 별반 다르지 않다. 하지만 죽어라 일하다가 죽어버리거나, 이제 좀 살만하다 싶으면 여기저기 쑤시고 아파서 전전긍긍하는 우리네 인생이 동물과 다른 것이 있다면, 그것은 왜 달려야 하는지를 묻는 것이다. 살기 위한 삶인 생존survival이 아니라 살리기 위한 부흥revival을 제 삶의 목적삼은 제자들은 "왜"라고 물어야 한다. "나는 왜 남보다 더 많은 마시멜로를 얻고자 하는가?" "왜 나는 아침부터 달려야 하지? 그리고 어디로?" 이 물음에 답하기 전에는 마시멜로를 먹지 마라. 결코.

   A. W. 토저는 "영적 성공의 삶은 하나님 이외의 모든 것을 버리는 삶"이라고 했다. 이재철 목사는 이 시대를 일컬어 "신앙을 자기 야망의 도구 삼는 시대"라고 말한다. 오직 하나님만을 사랑하는 자는 그 하나님을 돈과 함께 섬길 수 없다. 성경은 이 세상이나 세상에 있는 모든 것들이 마르는 풀과 시드는 꽃이라 했다. 성공 또한 마찬가지다. 그것은 내일을 약속하지 못한다. 영원한 것은 말씀이고, 그 말씀을 살아내는 자는 영원히 남는다. 그만 달리고 한번쯤 생각해 보자. "성공, 좋다. 그렇지만 그 다음은 뭐지? 또 그 다음은?" 그 대답을 알기 원한다면, 그 다음을 얻고자 한다면, 애굽의 보화보다 그리스도를 위한 능욕을 더 큰 재물로 여기고 그 다음을 바라 본 모세의 만나를 먹고자 한다면, 마시멜로를 먹지 마라. 결코.

「마시멜로 이야기」 호아킴 데 포사다·엘런 싱어 / 정지영 옮김 / 한국경제신문 / 2005

나는 당신의 것입니다
_누구인가, 나는

| 본회퍼는 누구인가, 내게

내게 디트리히 본회퍼는 실천과 영성의 신학의 전거다. 자유주의 신학자들이 신과 신앙을 개인의 사적 영역의 일부로 축소하려는 계몽의 지평 속에서 기독교 복음의 공적인 합리성과 학문성을 대학 강단에서 수호하였다면, 칼 바르트는 인간학이 되어버린 자유주의 신학과 윤리가 상실한 계시와 종말의 복원을 통해 강단에서 설교할 수 있는 신학을 방어하였다면, 본회퍼는 폭력과 강제가 일상이 되어버린 현실 속에서 온 몸으로 부대끼며 힘겹게 살아가는 평신도들에게 시대를 거스르는 실천의 신학, 영성의 신학을 증거한다. 그러니까 거칠게 말해서 자유주의 신학자를 위한 대학 강단의 신학이고, 바르트가 설교자를 위한 설교단의 신학이라면, 본회퍼는 평신도를 위한 삶의 현장의 신학이라 규정할 수 있다.

모든 신학과 신앙적 실천이 발생하는 곳이자 선포되는 삶의 자리에서 어떻게 그리스도인으로 살 것인지를 묻는 이에게 본회퍼는 모델이다. 다시 말해 "독일의 나치 정권 시대에 히틀러 암살 음모에 가담했다가, 39살의 나이에 교수형을 당한 이 독일 신학자의 이름은 폭압적인 권력이 신격화되는 어느 곳에서나, 억압적인 불의의 현실에서 교회가 침묵하는 곳 어디에서나, 예수 그리스도의 제자가 된다는 것이 무엇을 의미하는지 진지하게 물어지는 곳 어디에서나, 하나님이 계시지 않는 것 같은 현실에서 하나님 없이 하나님 앞에 산다는 것이 어떤 것인지를 모색되는 곳 어디에서나 오늘도 기억"(5)해야 할 신학의 모형이다.

본회퍼는 그리스도의 모든 제자들 앞에 있는 하나의 그림이다. 앞 사람을 보고 배운다고 한다. 그래서 눈도 함부로 밟지 말라고 했다. "앞에 있는 그림을 따라가면서 배우다 보면, 스스로가 따라 배울 만한 행동을 하는 사람으로 변하"(226)게 하는 선배가 본회퍼다. 그리스도가 본회퍼의 모범이라면, 그는 구름 같이 둘러싼 허다한 우리 시대의 증인이자 나침반이다. 그는 우리 당대의 실천과 영성을 추구하는 곳 어디에서나 호출되어 논의될 전형이다. 내게 신학과 실천의 모범인 본회퍼는 누구인가, 채수일에게.

본회퍼는 누구인가, 채수일에게

채수일은 짧은 삶만큼이나 단편적인 그의 담론의 되새김을 통해 "독재 체제 아래에서 예수 그리스도에 대한 복종 때문에 저항과 고난의 길을 걸었던 한국 교회에 희망과 위로의 근원"(5)이었던 본회퍼를 잃어버린 자아를 찾는 동반자로 소개한다. 그러기에 그는 본회퍼 묵상을 통해 정작 교회와 사회를 향한 직접적인 발언을 삼가는 것이 역력하다. 다만 그 자체로 감동적인 텍스트에 최소한의 해석을 덧붙이고, 각인이 묵상할 여백을 제공할 따름이다.

이 책은 그 자체로 "굳이 다른 해석을 덧붙일 필요가 없을 만큼 명백하고 감동적"(7)인 본회퍼의 텍스트와 스스로 "공연히 어쭙잖은 해석을 덧붙이는 것을 두렵고 송구"스러워하는 채수일의 독법을 함께 날줄과 씨줄로 엮은 것이다. 아무래도 책의 전체적인 생각을 총 8부로 구성된 구조와 앞과 뒤의 두 시편을 통해서 채수일의 본회퍼 묵상을 짚어 볼 수 있을 것 같다.

채수일은 「옥중서간」의 두 시편을 통해서 본회퍼 읽기의 틀을 제공한다. "들어가는 글"의 시편 "나는 누구인가"를 통해 저자는 "분열된 자아와 철저한 복종 안에 견고하게 서 있는 자아 사이에서 흔들리는 자신에게 솔직한"(6) 본회퍼를 읽어낸다. 본회퍼의 삶과 투쟁은 한 치의 흔들림도 없는 절대적 확신을 갖는 근본주의자들과 다르다. 그리스도인은 진리를 위해 유다처럼 타인을 희생할 것인가, 아니면 진리를 위해 예수처럼 자신을 희생할 것인가의 사이에서 십자가를 선택한다. 함께 창조된 이웃을 내 한계로 받아들이고 타인을 위한 존재가 될 것인지(1부), 벌거벗은 자신의 육체적 현존을 훌훌 벗어버리고(4부) 고난도 실패도 없는 피안의 세계에 몸을 던질 것인지 아니면 값비싼 은혜를 따라 순종하는 제자의 길을 갈 것인지(2, 3부)를 고뇌하는 지식인이다.

"마치는 글: 자유의 도상에 있는 정거장"에서는 본회퍼는 불안하게 흔들리는 자신을 경건의 훈련과 정의의 행동과 무력한 고난 속에서 죽음을 자유의 끝이 아니라 시작으로 받아들여(283) 끝내 죽음으로 자신을 하나님 안에서 발견하고, 자신의 죽음 속에서 하나님의 얼굴을 보는 그는 영락없는 자유인이요, 투사요 전사다. 저 낮고 약한 세상의 한 복판에서 삶의 중심되신 그리스도를 따라 타인을 위한 교회의 존재 양식으로 내면의 쾌락의 유혹과 역경을 극복하고 하나님과 함께 긍정의 '아멘'을 외치는 새로운 삶을 산다(4-8부).

이 삶에 비추어 본 다수의 한국 교회는 "자본주의보다 더 자본주의적이고, 시장보다 더 시장적이고, 미국보다 더 미국적인 교회"(162)다. 저자는 그런 한국 교회를 향한 애정을 접지 않고, 헐벗고 병든 사람과 자신을 동일시하신 "그리스도께서 어디에, 누구와 함께 계시는지를" 기억할 것을 촉구한다. 그리고 보이지 않는 이웃인 여러 시민운동단체, 외국인 노동자 단체, 기독학생운동 단체 등을 돕는데 인색한 손이 돕는 손길(48)이 되는 것이 복음의 진정성을 얻는 길임을 환기시킨다. 그것이 하나님을 이용해서라도 우리의 모든 희망을 성취하려는 물질에 예속된 염려의 삶을 떨치고, 자신을 변화시켜 현실을 바꾸는(279) 길이다. 하나님은 그 길 위에서 영광스러운 자유를 우리 안에서 완성하실 것이다. 무거운 사슬과 장벽을 부수고 죽음마저 환희에 찬 축제로 승인한 본회퍼는 누구인가, 히틀러에게.

| 본회퍼는 누구인가? 히틀러에게

예수 그리스도는 경건한 수도원이 아니라 모독하고 배반하는 적들 한가운데서 살았다. 루터 역시 마찬가지다. 그가 "수도원을 버린 것이 아니라 이 세상을 더 큰 수도원으로 만들려고 했을지도"(242) 모른다는 채수일의 묵상은 수도원을 떠나 세상에 나온 것은 초대 교회 이래 가장 강력한 세상 공격이자 신앙 비판이라는 본회퍼의 말(240)을 한층 깊이를 더하면서 우리가 왜 그리고 어디에 서야 하는지를 지시한다.

예수는 오해될 수 없을 만큼 명백하게 사랑이 무엇인지를 하나님의 적들에게조차도 평화를 주시는 헌신을 통해서 예증한다. 그리스도의 사랑은 원수 사랑이고, 제자의 길은 수도원으로의 도피가 아닌 원수들 한가운데서 그를 사랑한다. 악이 악으로 드러나는 법이 없어서 악한 권력은 빛과 선, 필연성과 정의를 가장하고 나타나, 종내는 이성과 양심마저 판단력을 잃고 흔들리고, 수많은 독일 지성이 히틀러 앞에 순종할 때(106) 본회퍼에게 히틀러는 어떤 의미였을까?

분명한 것은 히틀러는 적이자 원수라는 점이다. 그리스도의 신성의 비밀인 십자가의 사랑으로 보자면, 용서받지 못할 죄나 죄인이 없다. 그렇다면 본회퍼는 히틀러를 사랑했을까? 나는 그렇다고 믿는다. 히틀러 암살 작전에 참여한 본회퍼의 행동과 신학이 그가 예전에 가졌던 기독교 평화주의와 간디 사랑의 포기와 단절인지, 아니면 연속인지에 대한 구구한 해석이 존재하지만, 그것이 원수 사랑의 정신마저 버린 것으로 보지 않는다.

치밀어 오르는 분노보다도 불쌍히 여기는 자비의 마음이 본회퍼의 가슴을 사로잡았다고 추정할 수 있다. 타인의 존재 자체가 은혜로 주어진 것을 믿는 본회퍼에게 그 사랑은 대상을 가리지 않는다. "하나님의 사랑과 은혜는 모든 사람에게 열려 있다는 지극히 간단한 진리가 그리스도인을 타자에 대한 사랑으로 인도"(37)한다. "우리는 원수를 사랑함으로써 완전한 하나님의 인간 사랑에 참여하는 것이며, 하나님의 자녀라고 불릴 수 있는 것입니다"(52).

본회퍼에게 신앙은 둘 중 하나다. "예수와 만나는 길은 근본적으로 오직 두 가지 가능성이 있을 뿐입니다. 사람이 죽든지, 아니면 사람이 예수를 죽이든지"(199). 성만찬 안에 현재하는 그리스도가 "사람들에게 먹히기를 원하시"듯이 "먹힌 분처럼 우리도 남에게 먹혀야 그분의 만찬에 참여할 수 있"(175)다. 당시 수많은 독일 그리스도인들이 자신의 이성과 원리, 양심과 자유, 덕성을 기준으로 '나' 대신에 '너'를 십자가에 못 박았다. 이때 신앙 안에서 오직 하나님과만 결합되어 복종하면서 자신의 생명을 포함한 모든 것을 희생하는 책임적 인간에게 원수사랑은 원수와 같은 방식으로 타자를 잡아먹지 않음으로 도리어 원수에 굴복하지 않는다. 원수들 가운데서 하나님 나라의 씨앗이 되어 세상의 먹이가 됨으로 세상을 구원하는 자는 그리스도를 닮은 자다.

오로지 자기 부인과 희생만이 빛을 빛 되게 하고, 제 맛을 내는 소금 되게 한다. 세상의 한 가운데 계신 하나님과 교회를 증언했던 이 사람은 이렇게 말한다. "참된 세속성은 교회가 모든 특권과 소유를 포기할 수 있지만 그리스도의 말씀과 죄의 용서는 절대로 포기하지 않는데 있습니다"(221). "스스로 죽는 길, 이 길만이 하나님이 사는 길"(200)이자, 독일과 교회가 사는 길이기에 그는 투쟁을 전개하지만, 동시에 용서의 복음을 그는 절대로 포기하지 않았기에, 그는 죽으면서 그 자신을 하나님의 얼굴 속에서 보게 되지 않았을까(282). 하나님의 얼굴 속에서 새로운 개념의 전달이 아니라 얼굴과 얼굴을 맞대고 책임 있는 인격적 책 읽기로 초대하는 본회퍼는 누구인가? 우리에게.

본회퍼는 누구인가? 우리에게

채수일의 본회퍼 묵상은 신학자들에게 신학함과 글쓰기의 재고를 요청한다. 신학은 공동체를 위한 것이고, 공동체 현상이다. 마태복음이 마태의 신학이 아니라 마태 공동체의 신학인 연유는 무엇인가? 복음서는 저자의 개인 경험이 아니라 공동체 전체의 경험에 대한 계시적 설명이며, 한 개인의 문제에 대한 해답이 아니라 공동체의 해결이다. 신앙 공동체는 자신들의 이야기가 예수의 이야기를 구현한다는 것을 명확히 인식하고 있었고, 예수의 이야기의 빛 안에서만 자신들의 삶의 이야기가 의미를 가진다는 것을 이해하였다. 그러므로 복음서는 공동체가 함께 참여한 기록이다. 공동체의 책인 것이다.

그렇다면 각 복음서가 상정한 독자들에게 그 책들은 읽기에 전혀 어려운 책이 아니었을 것이다. 현재 우리 신학자들의 글쓰기와 그 신학은 교회 공동체에 의해 읽혀질까? 평신도가 묵상할 수 있는 영성이 깃든 글과 실제적 삶의 지침을 제시하지 못한 채, 그저 학문의 정교한 합리성과 논문의 수미일관성, 수사적 아름다움에 치중하느라 공동체성을 상실하지 않았는지, 그리고 영성을 놓치지 않았는지 한번쯤 돌아볼 일이다.

동시에 이 책은 평신도들의 독서 습관을 책망한다. 신자들 또한 신학자의 책이라면 덮어놓고 어렵다고 도외시하지 않았는지. 한번 읽고 다시 읽지도, 재차 읽을 필요조차도 없는 경박한 경건 서적 류가 베스트셀러 목록을 장악한 지 오래다. 신학교에서도 신학과 신앙에 대한 깊은 사유보다는 졸업 후에도 당장 써 먹을 수 있는 실용적 과목이 인기다. 사실 예배 시간을 제외하고 일주일에 단 한번이라도 성경을 읽지 않는 그리스도인들이 50%를 넘는 현실에서 그마나 경건 서적이라도 읽는 것에도 감지덕지해야 할지도 모르겠다.

하지만 은혜의 이름으로 지식을 배제할 수는 없다. 열심은 있으나 지식이 없으므로 이스라엘이 메시아를 죽였다면, 독서와 묵상이 뒷받침하지 않는 열심의 끝은 자명하다. 지극히 평범한 일상과 세속성을 긍정하는 신자들은 본회퍼를 통해 새로운 길을 모색할 수 있을 것이다. 본회퍼를 읽을 때마다 땅 속에 숨어 있는 진주를 발견하는 것 같은 기쁨에 사로잡히는 채수일의 기쁨이 그만의 기쁨으로 그쳐서 되겠는가? 양날선 칼처럼 타협할 줄 모르는 날카로운 비판에 자신의 신앙을 근본에서부터 성찰하는 것이 어디 채수일만의 일이겠는가?(6)

채수일은 책 읽는 법에 대한 귀중한 모범을 제공한다. 말 그대로 책이 홍수처럼 쏟아져 나온다. 책을 읽을 것인지, 말 것인지 보다도 어떤 책을 읽을 것인지를 결정하기 더 힘든 때가 된 것 같다. 이럴수록 속도와 정보의 시대에 좀 느리더라도 한 권을 천천히 소화하면서 읽는 것이 더 낫다. 내가 책을 읽는 것이 아니라 책이 나를 읽는 것, 다시 말해서 내가 책에 의해서 읽혀지고, 드디어 저자의 영과 정신을 만나기까지 마르고 닳도록 읽고 또 읽는 것이 필요하다.

많은 책을 대충대충 읽는 것보다 한 두 권의 책이나 저자를 집중적으로 읽는 것이 유익한 것을 다시 반복할 필요가 없는 독서의 진리다. 리처드 포스터는 우리 시대의 영적 질병을 피상성에서 찾는다. 즉각적인 만족을 누리려는 것이 근본적인 영적 문제라는 것이다. "오늘날 절실히 요청되는 사람은 지능이 높거나 재능이 많은 사람이 아니라 깊이가 있는 사람이다." 이 책의 단 한 줄, 한 문장도 아끼고 세심하게 읽어야 "내가 어떤 사람이건, 오 하나님, 당신은 나를 아십니다. 나는 당신의 것입니다"라는 믿음을 고백하게 될 것이다.

 「누구인가, 나는」 채수일 / 대한기독교서회 / 2005

함께 읽을 책

| 신도의 공동생활
디트리히 본회퍼 / 문익환 옮김 / 대한기독교서회 / 1964

　많은 이들이 나치와 투쟁한 본회퍼를 신 죽음의 신학이니 하는 급진적 신학자, 칼 바르트도 인정한 전도유망한 천재적 신학자로 기억한다. 그런 이들에게 나는 제일 먼저 이 책을 권한다.
　본회퍼가 이론과 실천 못지않게 영성 분야에서도 뛰어난 작가라는 것을, 그러니까 그의 신학적 사유와 나치와의 투쟁 이면에 이토록 아름답고 고결한 영성이 놓여 있다는 것을 새삼 눈뜨게 해 준다. 게다가 문익환 목사님의 빼어난 우리 말 실력이 한결 쉽고 친숙하게 읽히도록 한다.
　무엇보다도 이 책은 책상머리에서 나온 것이 아니다. 그리고 고요한 수도원에서의 명상 속에서 집필된 것은 더더욱 아니다. 한편으로 나치 독일과의 투쟁의 한 가운데서, 다른 한편으로는 핑겐발데 지하 신학교에서의 공동생활의 경험을 기록한 것이다. 언제나 예수 그리스도의 현존을 물었던 본회퍼는 그분을 성도의 사귐 속에서 발견했던 것이다.
　이 책을 읽으면서 군데군데 쉽사리 동의할 수 없는 또는 논쟁적 요소들이 있다. 예를 들어 찬송을 부를 때 화음을 넣는 것과 기도문 사용을 반대하는 것이다. 부담스러운 대목도 있다. 서로의 죄를 고하는 것이다. 그럼에도 일체의 인간적 요소, 즉 독일적 요인이 기독교 근간을 잠식하고 있는 실정에서 오직 그리스도의 기치를 높이 들고 이런 외적인 것들을 덜어내는 노력을 경주한다는 것을 감안하고 읽었으면 좋겠다.

| 나를 따르라
디트리히 본회퍼 / 허혁 옮김 / 대한기독교서회 / 1965

「신도의 공동생활」과 함께 이 책을 읽어야 한다. 앞의 책이 핑겐발데 시절의 공동생활을 배경으로 한다면, 이 책은 그 당시 신학교 강의 원고다. 딱히 비유하자면, 전자가 수도원으로 들어간 본회퍼라면, 후자는 수도원에서 나온 본회퍼라 할 수 있다. 철저하고도 급진적인 제자의 외적인 실천인 말씀과 기도의 훈련은 서로에게로 환원되거나 대체할 수 없는 독자적인 것인 동시에 둘이 아니라 하나이며, 상대가 없으면 존재할 수 없이 서로에게 깊이 의존한다. 고아와 과부를 돌아보는 사회적 실천과 자기를 세속에 물들지 않도록 지켜 내는 것이 경건이기 때문이다.

본회퍼는 광포한 폭력이 기승을 부리고, 사악한 전쟁의 광기가 그 본색을 드러내는 시점에서 예수 그리스도를 따른다는 것, 그분의 제자가 된다는 것의 의미가 무엇인지를 찬찬히 짚어 준다. 그 유명한 값싼 은혜의 개념이 이 책에서 자세히 소개된다. 이는 그리스도에 대한 복종이나 회개, 훈련도 없이 던져지는 은혜를 말한다. 값싼 은혜 때문에 독일 교회가 나치 제국의 전쟁을 추종했다고 그는 보았다. 저는 이 책, 「나를 따르라」에서 또 하나 주목하는 단어가 있는데, 바로 평화이다. 본회퍼는 산상수훈을 해설하면서 전쟁과 폭력을 반대하고 원수 사랑의 실천을 요구한다. 그것은 비범한 결단과 실천이 아닐 수 없다.

오늘 우리 시대에 교회는 내적으로 값싼 은혜에 편안해 하고, 외적으로는 평화를 겉으로는 환영하지만, 실제로는 불편해 한다. 평화를 외치기는 쉬워도 평화를 일구는 것은 그만큼 비상한 결단과 자기 부인이 뒤따라야 하기 때문이다. 그러고 보니 사도 바울의 문안 인사는 항상 짝이 있었다. 바로 은혜와 평화다. 이 책은 은혜를 값싼 것으로 만든 것과, 평화의 실천이 부재하는 우리를 질책하고, 그 길을 가도록 촉구한다. 무한한 감동과 도전이 있을 것이다, 이 책 속에 말이다.

| 옥중서간: 반항과 복종
디트리히 본회퍼 / 고범서 옮김 / 대한기독교서회 / 1967

오직 그리스도에게만 복종하고, 폭력의 시대를 온 몸으로 반항한 본회퍼의 편지 모음이 바로 이 책이다. 논리 정연한 「윤리」나 영성의 보고인 「신도의 공동생활」, 비범한 순종의 길을 제시한 「나를 따르라」와 달리 새로운 시대를 향한 번득이는 시적인 통찰과 끊임없이 흔들리며 불안해하는, 그러면서도 그리스도가 선사하는 자유의 힘찬 진군을 멈추지 않았던 본회퍼의 또 다른 내면을 들여다 볼 수 있는 책이다. 본회퍼 스스로 썼듯이 자유롭고 더 생생하게 쓴 글 묶음이다.

새 시대를 위한 통찰은 다름 아닌 그의 유명한 비종교적 해석과 성숙한 세계를 말한다. 기독교를 종교라는 제한된 한 영역으로 국한하는 것을 거부하고 세상 속의 그리스도를 추종하는 기독교로의 환골탈태를 촉구하고, 걸핏하면 인간의 한계상황이나 고난을 이기게 해주는 만능 해결사로서의 기계 신 Deus ex machina이 아닌 인간의 자율성과 존엄성을 존중해주는 인격적인 하나님을 제시한다.

그의 옥중 생활의 단면과 내면은 '나는 누구인가' 라는 시(詩)에 극명하게 나타난다. 옥중 생활에도 불구하고 사람들로부터 명랑하고 침착하지만 사소한 일에도 분노하고 의기소침해 하는, 반항하면서도 복종하는, 복종하면서도 반항하는, 그러나 자신을 오직 하나님의 것으로 고백한다. 감옥 생활의 애환을 적은 편지들, 부모님에게 보낸 편지, 무엇보다도 조카 딸과 친구 베트게 결혼식의 설교문은 사뭇 감동적이다. 서로의 죄를 용서하며 살라는 그의 말이 약혼녀 마리아와 끝내 결혼할 수 없는 운명을 자각하는 그의 깊은 상심을 기억하면, 즉 비정상적 상황에서 정상적 삶의 절정인 결혼을 축복하는 설교문을 작성하는 그의 애틋한 마음이 진한 감동으로 다가온다.

6장
공감 다섯_ 세상에서 길을 찾다

헬라인에게는 미련한 것이요
포스트모던시대의 진리
완전한 진리
인도의 길을 걷고 있는 예수
청년서신

기독교가 세상에서 길을 찾기 위해 레슬리 뉴비긴의 목소리는 단호하다. *헬라인에게는 미련한 것이요*는 기독교를 사적 영역에만 국한시키지 말고 공적 영역에 대한 책임을 다할 것을 촉구한다. 세상이 미련하다고 버린 것이 세상을 구원한다. 복음은 미련하지만 세상에 대안이다. 그러므로 이 복음은 이 세상을 구원하는 변혁적 진리이다. 뉴비긴은 *포스트모던 시대의 진리*에서도 '성경', '전통', '이성', '경험'이 어떻게 예수 공동체의 속성을 잃어버리지 않으면서도 이 세상을 품을 수 있는 대안을 꺼내놓는다.

프란시스 쉐퍼의 사상적 토대를 보다 현대화시키면서 동시대적 고민을 담아내고 있는 *완전한 진리*는 다소 공감하면서도 공격적 읽기가 필요하다. 이 책이 소위 기독교 세계관의 표준교과서적 역할을 할 것이지만 세계관 운동이 사회의 실존적 현실에 구체적인 대안 창출에 인색했다. 이점을 고려한다면 이 책은 되레 우리네의 이야기가 흠뻑 가득한 실천적 지성을 고민하도록 되레 자극한다.

*인도의 길을 걷고 있는 예수*를 통해 스탠리 존스는 서구적 기독교 또는 이데올로기화되어 있는 기독교를 극복하는 것만이 기독교다움을 찾는 길이라고 한다. 그것의 구체적인 방향은 '십자가를 종교적 교리로 두지 않고 삶'으로 받아들이는 신앙이다. 결국 그리스도인이 예수 그리스도를 닮고 따른다는 것은 예수 십자가의 삶을 추구하고 산다는 것이다. 인도의 길을 걷고 있는 예수는 지금도 어디서인가 고난의 길을 걷고 있다.

우리 시대의 청년희망의 메신저인 이재철 목사의 *청년서신*은 우리에게 이 세상을 향한 구도자적 삶을 살 것을 촉구한다. 이 세상에 우리가 존재하는 이유를 묻는 이에게 그는 일관적으로 '버려야 할 욕망'과 '추구해야 할 영원'을 구별해내는 구도적 관점을 강조한다. 나아가 현실에서 그것이 기준이 되어 많은 사람에게 진정한 희망을 줄 수 있는 영원한 '청년'이 되라고 한다. 청년은 이상을 위해 현실의 고난을 두려워하지 않는 영원을 위한 구도자이기 때문이다. '청년' 그리스도인이 그리스도인답다.

미련함의 지혜와 능력
_ 헬라인에게는 미련한 것이요

| 우리 시대의 멘토

레슬리 뉴비긴은 우리 시대의 멘토이다. 본회퍼가 세속화된 세계 속에서, C. S. 루이스가 무신론과 회의주의 시대에서, 존 요더가 제국과 폭력의 시대에서 그리스도인으로 사는 법을 일러준다면, 그는 다원적 사회에서 복음을 진리로 증언하는 길을 가르쳐주는 큰 스승이다. 예수 마저도 종교 시장에 전시된 신들과 종교들 중의 한 브랜드가 되어버린 다원적 사회에서 왜 예수 그리스도가 유일한 구원자인지, 왜 성경이 진리이고 권위 있는 가르침인가를 부끄럼 없이 선포하는 용기와 지혜를 배운다.

이 책은 기독교적이라는 서구와 원초적 복음을 맞대면시킨다. 그 결론은 서구는 타문화권처럼 선교해야 하는 시공간 이라는 것이다(1장). 서구는 기독교적이지 않고 근대적이다. 전혀 다른 타당성 구조 속에 거주한다. '타당성 구조'란 피터 버거의 용어로, 무엇이 그럴듯한지 아닌지를 판단하는 잣대가 되는 체계를 말한다. 이를테면, A 현상이 연구의 가치가 있는지 여부를 결정하는데 명시적으로 드러나지는 않아도 모두가 암묵적으로 동의하는 선전제를 말한다.

근대는 '공적인 세계'와 '사적인 세계'의 이분법을 타당성 구조로 삼고 있는 사유체계이자 삶의 양식이다(2장). 공적 세계는 분석과 실험, 관찰 등을 통해 누구나 동의할 수 있는 것으로 '사실의 세계'이다. 반면에 사적 세계는 각 개인의 취향과 선호에 따라 자유롭게 선택할 수 있는 '가치의 세계'이자 다원주의가 군림하고 있다. 그러나 이것은 거짓된 신화이다. 세계는 그렇게 구분되지 않으며 또한 비인격적이거나 목적 없는 대상이 아니다. 그 결과 인간마저도 대체가능한 부품이나 물건이 되어 생체 실험의 대상으로 전락하였다.

근대의 타당성 구조에 신학은 전혀 저항하지 않고 수용하였다(3장). 자유주의는 슐라이어마흐에게서 보듯이 사적인 감정의 공간 속에 하나님과 종교의 자리를 발견하였고, 문자적 무오류설에 집착하는 보수주의는 성경이 과학적이고 역사적이라는 주장을 통해서 공적인 세계에서 인정받고자 한다. 하지만 양자 모두 그 이분법 자체를 수용하였다는 점에서 뿌리부터 근대적이다. 그 결과 기독교는 세계를 향해 철저한 회심을 요구하기는커녕 세계의 일부분으로 편입이 되었다.

뉴비긴은 인격적 세계는 근대가 아니라 십자가와 부활에 의해서만 제대로 이해되어야 한다는 것을 증언할 것(5장), 정치의 영역에서는 전적인 동일시나 분리를 지양하고, 공적인 영역에 복음의 빛을 비추어야 할 사명이 있다고 말한다(6장). 마지막 7장에서는 공공의 영역으로부터 사적인 종교로 후퇴하는 것을 거부하고, 사회와의 차별성을 유지하면서도 합당한 책임을 질 것을 요청하면서 7가지 과제를 제시한다.

우리 시대의 지혜

이 책은 우리에게 지혜를 준다. 뉴비긴은 선교지의 언어를 통해 복음을 전하면서도 그 사회의 근본적 전제에 대해 근본적인 의문을 제기하여 끝내 근본적인 회심으로 이끄는 지혜를 제시한다(11-19). 이 지혜는 옛 세상의 종말이면서도 새 세상의 실현이다. 그 출발점은 교회이다. 세상의 타당성 구조와 달라서 거리낄 수밖에 없는 복음, 세상과 전혀 다른 실재인 교회가 세상에 속하면서도 세상의 것이 되지 않는 지혜와 세상을 뒤엎는 변혁의 전략이다.

뉴비긴은 바울과 더불어 우리에게 용기와 능력을 준다. 바울 당대에도 복음은 부끄러움의 대상이었던 모양이다. 하지만 세상이 미련하다고 버린 것이 우리를 구원했다. 두 사람은 복음은 헬라인으로 상징되는 세상의 관점으로는 미련하지만, 하나님 나라의 관점으로 보면 합리적이고 게다가 능력의 원천이라고 말한다. 복음을 부끄러워하는 환경에서 두 사람처럼 강하고 담대하자.

이 책은 우리에게 간단치 않는 숙제를 던져 주었다. 서구와 달리 우리 사회의 타당성 구조는 무엇인가? 검증되지 않은, 결코 검증할 수 없는 편견들이 이성과 이익의 이름으로 포장되어 거리낌 없이 우리를 유린하는 것들은 무엇인가? 우리 시대의 우상들은 무엇인가? 그 우상들의 이름이 우리 자신이며, 우리의 사명을 발견하는 자리가 될 것이다.

 「헬라인에게는 미련한 것이요」 레슬리 뉴비긴 / 홍병룡 옮김 / IVP / 2005

레슬리 뉴비긴을 읽자!
_포스트모던 시대의 진리

| 뉴비긴을 권하며

레슬리 뉴비긴은 우리 시대 그리스도인의 멘토다. 이를테면 본회퍼가 세속화된 세계 속에서 하나님과 더불어 사는 법을 죽음으로 우리에게 증언하고, 존 요더가 제국과 폭력의 시대를 거스르는 십자가의 삶을 지시하는 멘토라면, 뉴비긴은 다원적 사회에서 복음과 진리를 선교하는 신학과 신앙적 실천을 가르쳐 준 멘토다. 우리는 그를 통해 예수와 기독교마저도 종교 시장에 전시된 신들과 종교들 가운데 하나의 상품이 되어 버린 다원적 사회에서 왜 예수 그리스도가 아니고서는 구원이 없는지를, 그리고 왜 성경이 진리이고 권위 있는 가르침인가를 부끄럼 없이 선포하는 길과 용기를 배운다. 이것이 뉴비긴을 읽어야 할 첫 번째 이유다.

복음을 부끄러워하지 않는다는 바울의 말에서 우리는 로마와 헬라인의 사유 구조에서 본 복음은 부끄러운 것이 될 수밖에 없다는 것, 그리고 당대의 그리스도인들도 우리와 마찬가지로 복음을 부끄럽게 여겼다는 현실을 읽어낼 수 있다. 이천년 기독교 역사는 어리석고 미련하게 보이는 복음을 당대의 지성적인 틀에 맞추어 그 거칠고 투박한 면을 세련되게 만드는 넓은 길을 걸었음을 보여 준다. 복음의 미련함을 멸시하는 자들의 시각을 틀로 삼아, 뉴비긴이 즐겨 사용하는 피터 버거Peter Berger의 용어로 하자면 '타당성 구조' plausibility structure로, 기독교란 그렇게 어리석지 않다고 읍소하는 전략은 복음의 본질과 신앙의 정체성을 훼손하지 않고서는 가능하지 않다.

예수로 말미암지 않고 그분의 십자가를 프리즘으로 삼지 않고서는, 하나님의 계시와 구속의 경륜은 도무지 이해할 수 없는 신비라는 것이 기독교 신앙의 요체이다. 그럼에도 불구하고 시대의 제약에 갇힐 수밖에 없는 유한한 인간의 이성과 경험으로 해석하겠다고 달려들고, 또 그런 식으로 기독교를 변호하려는 시도는 터무니없는 우상 숭배에 지나지 않는다. 뉴비긴은 각 시대의 지배 질서와 타당성 구조 앞에서 움츠러들지 않고서도 복음을 담대하게 선포하는 길을 제시한다. 이것이 뉴비긴을 읽어야 할 두 번째 이유다.

우리 주님의 사역 목표는 이 땅에 당신을 그대로 닮은 공동체, 교회를 세우는 것이었다. 사실 예수께서 남긴 것을 다른 종교 창시자나 사상가, 정치가와 군주와 비교하면 초라하기 그지없다. 그는 책을 남긴 것도 아니고, 영토를 확장한 것도 아니다. 한때 자신을 배반하기조차 한 제자들, 이제는 예수처럼 살아가는 제자 공동체만을 남겨 두셨다. 미래는 불투명하고, 제자들은 불안하고 연약하기 짝이 없다. 그래도 그분은 당신이 하던 모든 일을 위임하셨고 믿어 주셨다.

교회는 예수의 목적이며 선교의 방법이며, 이 땅에서 미리 맛보는 하나님 나라다. 하지만 참람하게도 교회 안에서 맛보는 것은 맘몬이다. 세상의 성공과 정상이 거리낌 없이 매매되고 있다. 이것이 인도 선교 사역을 마감하고 고국인 영국으로 돌아온 뉴비긴이 마주친 서양 기독교의 현실이었다. 인도보다 영국을 더 힘든 선교 대상국으로 파악하는 뉴비긴은 한국 교회를 보는 중요한 통찰을 제공한다. 만약 당신이 교회가 교회다워지기를 소망한다면, 복음에 대한 확신을 회복하기를 열망한다면, 죄 많은 이 교회를 어찌할 것인가를 염려하고 있다면, 뉴비긴은 대안을 제시한다. 이것이 뉴비긴을 읽어야 할 세 번째 이유다.

뉴비긴을 읽으며

이 책은 기독교 진리가 왜 그리고 어떻게 포스트모던 사회에서 권위를 획득하는가를 간결하게 해명한 책이다. 1장에서는 기독교 진리를 권위 있는 주장으로 받아들이기를 거부한 근대 철학이 다시 비판받게 된 현실과 기독교가 진리인 이유를 설명한다. 근대의 이성주의는 태생적으로 모순을 안고 있다. 이성과 과학도 자기 스스로 불충분한 지식과 미신으로 치부한 계시와 전통에 의존한다. 과학은 종교에서 '신'이라 부르는 것과 같은 전제와 신념에서 출발한다. 기존의 전통과 권위를 수용한 연후에 배울 수 있으며 그 다음에야 비판과 의심이 가능하다. 믿음과 의심은 모두 필요하지만 믿음이 먼저다.

게다가 세계를 물질의 덩어리로 분석하고 분해하게 되면, 인간도 그 세계의 일부가 되므로 인간의 가치와 존엄 또한 상실한다. 철저히 물질적 존재로만 국한되면, 무엇을 근거로, 무엇을 의지하여 인간의 가치를 말할 수 있는가? 과학이 한때나마 인간 해방의 선구적 역할과 사명을 감당한 것이 사실이지만, 그 종착역은 슬프게도 인간을 물질의 노예로 전락하게끔 만들었다. 그렇다면 가장 순수무고하다고 자처한 이성과 과학도 계시와 전통에 의존한다면, 그 이성이 초래한 인간과 자연 파괴의 참담한 현실에서 사물을 인격적으로 대우하는 계시적 전통이 자연스레 대안으로 떠오르게 된다.

2장에서는 하나님의 계시가 진리이자 권위의 원천이라면 그것이 우리에게 전달되는 양식들에 대해서 검토하지 않을 수 없다. 뉴비긴은 진리를 매개하는 네 가지 권위를 언급한다. '성경'과 '전통', '이성'과 '경험'이다. 권위의 출처를 네 가지로 정식화한 것은 영국 성공회의 것으로, 대개 웨슬리 John Wesley의 공헌으로 인정되며 많이 활용되고 있다. 그런데 이 모두가 인간의 생산물이 될 위험이 있다. 그리고 그 점을 부정해서도 안 된다. 뉴비긴은 그 가파른 경계에 서서 이 네 가지가 어떻게 하나님의 진리를 중재하는가를 설명한다.

'성경'은 역사와 문화의 일부분이면서도 그 문화를 해석하는 틀이다. 예수의 이야기가 특정한 시공간에서 발생한 사건이라는 점에서 역사와 문화이지만, 그 이야기는 모든 역사와 문화를 해석하는 틀이 된다. 예수 이야기 없이는 우리는 세상을 제대로 이해할 수 없다. 다른 세 가지 모두 동일한 방식으로 전개된다. 계시를 해석하고 전달되는 데 불가결한 '전통'도 시대적 한계가 있지만, 뉴비긴이 말하는 전통은 예수 이야기를 살아내는 제자도의 전통을 말한다. 그 전통이 기독교 진리의 권위를 뒷받침한다.

'이성' 또한 마찬가지다. 마틴 부버가 말한 '나와 그것'의 이성이 아니라 '나와 너'의 이성은 적절한 계시의 중재자가 되며, 그렇게 되면 계시와 이성이라는 대립 관계조차도 종식된다. 네 번째 출천인 '경험'은 근대적 의미의 사적 경험을 가리키는 단어가 아니다. 기독교에서 경험은 공동체 삶 가운데서 겪는 것, 이를테면 예배와 성찬의 경험으로 타인과의 공유가 가능하며 성경 이야기를 되풀이하는 의미 있는 사건을 말한다. 물론 이 네 가지는 분리되지 않고 상호 연결되어 있으며 가장 최종적인 권위는 성경에 있다는 것은 의심할 여지가 없다.

3장에서 뉴비긴은 앞의 1, 2장의 논의를 디딤돌로 삼아 포스트모던 사회에서 어떻게 기독교 진리를 권위 있게 선포할 수 있는 가를 제시한다. 복음을 그 시대 이야기의 일부로 편입되는 것이 합리성과 신뢰성을 확보하는 길이 아니다. 오히려 복음이 요구하는 변증은 진리를 전하는 자가 그 진리의 일부가 되는 것이며, 그 진리를 오늘의 이야기로 살아낼 때에 우리는 예수께서 선사하는 은혜의 공동체로 사람들을 초대할 수 있다. 진리를 사는 공동체가 가장 적합한 선교 방법론이며 합리적인 변증학이다. 다원주의 사회에서 기독교 진리의 권위는 삶으로 복음을 해석하고 증언하는 하나님 백성 공동체인 교회와 신자에 의해서 그 시대에 계시된다. 예수 없이 하나님을 알 수 없다면, '성령'의 인도하심을 받아 '성경' 이야기를 따라 살아가는 '성도' Saints가 해답인 셈이다.

뉴비긴을 기대하며

이 책과 함께 「다원주의 사회에서의 복음」 IVP과 「헬라인에게는 미련한 것이요」 IVP를 읽어주길 당부한다. 이 책에서 간략하게 표현한 것들을 그 책들에서 심도 있게 설명하고 있기 때문이다. 반대로 방대한 내용이 이 책에서는 간결하게 농축되어 설명된다. 두 권의 책을 먼저 읽기에 내용이나 분량에서 모두 부담된다면, 이 책을 먼저 읽기를 바란다. 그래도 이 정도의 책 한권으로 뉴비긴 읽기가 성이 차지 않고 지식의 갈증이 해결되지 않는다면, 당연히 그 책들과 씨름해야 할 것이다. 뉴비긴을 읽는 것이 그리 간단치 않은 일이어서 씨름해야 하지만 즐거운 일이다. 다원주의 사회에서 복음과 교회의 정체와 방향을 지시해주기 때문이다.

그러기에 그의 책들이 속히 번역되어 우리 손에 들려지는 날을 기대한다. 곧 「진정한 자신감」Proper Confidence과 「진리를 말하자」Truth to Tell가 번역되고 있어서 출판될 것이라고 한다. 후자의 책은 복음이 한 개인의 내면만이 아니라 사회 전 영역, 뉴비긴이 즐겨 사용하는 용어로는 공적public인 세계에서도 진리임을 주장하고 어떻게 공적인 진리로 선포할 것인가를 차근차근히 설명한다. 「진정한 자신감」은 근대 사회에서 공적 진리로서의 복음을 주장하고 증언하는 데 있어서 복음의 고유성마저도 위협받는 여건에서 타협하고 위축되었던 우리에게 큰 자신감을 불어넣는다. 그의 마지막 말은 아직도 감동적이고 생생하다. "나를 따르라."Follow me.

「포스트모던 시대의 진리」 레슬리 뉴비긴 / 김기현 옮김 / IVP / 2005

함께 읽을 책

| 기독교의 새로운 출발을 위하여
레슬리 뉴비긴 / 이문장 옮김 / 대장간 / 1994

원제는 「1984년의 이면」 The Other Side of 1984: Questions for the Church이다. 이 제목만으로 「동물농장」의 저자인 조지 오웰의 「1984」와 관련이 있다는 것을 눈치 챌 수 있을 것이다. 「1984」는 전체주의가 어떻게 한 개인의 삶을 통제하고, 저항하는 자를 철저히 현실에 순응하는 자로 변질, 파멸시키는지를 적나라하게 보여주는 작품이다. 우리가 직면한 미래는 희망찬 유토피아가 아니라 끔찍한 디스토피아다!

하여, 뉴비긴은 묻는다. "우리에게 미래는 있는가?" 약 30년의 세월을 인도 선교사로 지냈던 그가 돌아온 고국 영국의 현실은 너무나 변해 있었다. 인도의 가장 더러운 빈민가의 사람들에게서조차도 볼 수 있었던 것이 영국에는 도저히 발견할 수 없었다. 그것은 희망이었다. 또는 역사의 진보와 진화에 대한 신념이 사라진 서구 사회에서 교회는 희망찬 대안은커녕 너무나 소심하게 현실에 순응하고 있었다.

기독교가 안고 있는 문제점을 조목조목 지적한 다음, 새로운 출발은 교회에서 찾는다. 교회가 희망이다. 이 얼마나 가슴 벅찬 말인가. 하지만 이는 감정과 낭만의 자극으로 가능하지 않다. 냉철한 논리와 진지한 복음에 근거해야 한다. 서구 역사, 그것도 영국 상황을 염두에 두고 쓴 것이지만 그러기에 얼마간은 비판적 거리를 확보하면서 읽어야 하지만, 우리에게 시사하는 울림은 크고 넓다. 한국 기독교가 정녕 새로운 출발을 하기 위한 필독서다.

| 변화하는 세상 가운데 살아 숨쉬는 소망

레슬리 뉴비긴 / 이혜림 옮김 / 서로사랑 / 2006.

위의 책과 마찬가지로 이 책도 희망에 관한 것이다. 제목 그대로 끊임없이 변천하는 세상에서 살아있는 소망이 있는가? 여기서 말하는 소망은 한 개인의 내면과 실존, 미래에 관한 것이 아니다. 적어도 복음이 하나님의 창조와 구속을 말한다면 그 소망은 창조 세계 전체 국면과 관련이 있다. 예컨대 과학의 도전과 타종교들과의 관계, 세속화와 자본주의 시장 체제 속에서 기독교와 인간의 현실에 대해 한편으로 도전을 가해야 하며 동시에 미래와 희망을 열어 보여줄 수 있어야 한다.

개인만이 아니라 공적 사회 영역에서도 복음이 소망인 까닭을 「기독교의 새로운 출발을 위하여」에서는 교회에서 찾았다면, 이 책에서는 삼위일체 하나님이시다. 창조주 하나님, 성육신하신 하나님의 아들 예수 그리스도, 만물을 새롭게 하시고 하나 되게 하시는 성령님으로 인해 우리는 세상 한 복판에 뛰어들기를 주저해서는 안 되며, 또한 삼위일체 하나님의 존재와 그 의미는 결코 죽은 교리가 아니라 여전히 살아 숨쉬는 소망이다. 믿음은 눈에 보이지 않는 것을 소망하는 것이다. 눈에 보이는 것은 소망이 될 수 없다. 육안으로 볼 수 없지만, 영안으로는 너무나 명백히 볼 수 있는 삼위일체 하나님이 이 세상의 소망이다. 오직 하나님만이 희망이다.

완전한 진리가 빼먹은 것, 몇 가지
_완전한 진리

| 완전한 책은 없다

'어떠한 책에도 한 가지쯤 장점이 있다'고 말한 것은 세르반테스이고, '어떠한 좋은 책에도 반드시 결점이 있다'고 말한 것은 「독서의 기술」의 저자인 모티머 애들러이다. 모름지기 책이란 좋은 점과 나쁜 점이, 그것이 사람의 작업인 한에 있어서 공존하게끔 되어 있다. 아무 생각 없이 맞장구치기를 학습해 온 우리에게 두 사람의 말을 종합해 보면, 모든 책은 장단을 갖추고 있기에 저자의 생각에 '공감'도 하면서, '공격'적인 자세를 잊어서는 안 된다는 독서법을 환기시킨다.

단도직입적으로 말하자면, 낸시 피어시의 「완전한 진리」는 세르반테스의 말이 아니라 애들러의 독서법이 어울린다. 이 책에 쏟아진 찬사와 면면들을 보면, 이 책이 얼마나 출중한지를 단박에 알게 된다. 눈부신 걸작, 기쁨과 감사가 따르는 경이, 보석 같은 지성, 매력적인 책, 탁월한 글 솜씨와 지적인 깊이가 돋보인다, 표지에 선명하게 각인된 "프란시스 쉐퍼 이래 기독교적 관점에서 현대문화를 분석한 최고의 책"이라는 칭찬의 행간은 그 엄청난 말의 상찬으로도 족히 부족하다는 인상을 주기에 부족함이 없다. 게다가 독자를 배려한 가격과 디자인 등이 독자를 유혹한다.

사실 그렇다. 이 책은 서구는 별개로 하더라도, 적어도 한국에서 기독교 세계관 운동과 논쟁에 중요한 분기점 혹은 이정표가 될 것이다. 그동안 세계관 공부를 배우는 이들의 입에서 심심찮게 들려온 목소리가 기독교 세계관이 나와 교회와 사회 가운데 어떤 적실성을 지니는가라는 것이었다. 하나님이 모든 세계를 창조하시고, 그 세상이 타락하였으나, 그 모든 세상이 그리스도에 의해 구속되었다는 이 진리를 머리로는 이해하기에 어렵지 않으나 그 적용을 구체적으로 어떻게 해야 할지 참 난감했기 때문이다.

여기서 나는 어떤 점에서 거짓말을 했다. 세계관을 머리로는 이해하기 어렵지 않다는 것 말이다. 사실 이 구조를 설명하는 책들이 너무나 철학적이어서 웬만한 지적 수련을 거치지 않고서는 이해하기에 여간 까다롭지 않다. 그럼에도 이 말을 하느냐면 지적인 이해, 그러니까 논리 정합성 coherence은 그나마 나은 반면에 현실 적합성 relevance의 측면에서는 도무지 우리 삶과 들어맞지 않다고 보았기 때문이다. 쉐퍼의 고전적인 질문이자 주저인「그러면 우리는 어떻게 살 것인가?」는 "그래 이 책을 가지고 어떻게 살라는 것인가?"라는 물음으로 변주되기 일쑤였던 것이다. 내가 보기에 이 책은 그런 난점을 가볍게 훌쩍 뛰어넘는 수작이다.

하여간에, 이 책은 그 많은 장점에도 불구하고 보기에 따라서는 사소한 것들, 그러나 결코 간단하게 넘길 수 없는 결점들이 있다. 이 책,「완전한 진리」는 제목처럼 "완전한 책"이 아닐 테니까. 어떤 독자는 내가 읽은 세계관에 관한 책 중에 가장 탁월한 책이라는 말을 아끼지 않았지만, 애들러의 말처럼 한두 가지 약점은 있기 마련이다. 나는 기독교 세계관의 수혜자이자 전파자이기도 하지만 강한 비판자다. 그런 나에게 노련하고 세련되게 그 관점을 포장하는 이 책이 달리 읽히는 것은 어쩔 수 없다. 이 책에 없는 것, 몇 가지 문제를 지적하지 않을 수 없다.

| 총체적 진리가 없다

이 책의 원제는 Total Truth이다. 총체적 진리 또는 절대적 진리라는 뜻이다. 저자가 이런 제목을 붙인 것은 기독교 세계관의 보편성 내지는 포괄성을 강조하려는 의도다. 1부 "세계관이란 무엇인가"는 초지일관되게 "기독교가 그저 종교적 진리에 불과한 것이 아니라 모든 실재를 포괄하는 총체적 진리"(67)라는 것을 역설한다. 기독교적으로 사고한다는 것은 하나님이 창조한 모든 피조물의 현실을 그 하나님과 관련시키고, 그 하나님이 하신 말씀과 행위에 입각해서 해석하고, 그 표준에 따라 세계를 변혁하는 것을 의미한다. 공과 사, 현세와 내세, 자연과 초월의 이분법은 주되심Lordship을 그 일부에만 적용하는 것으로, 그 의미를 제대로 간파하지 못했거나 불순종에 다름 아니다. 하나님이 창조하지 않은 것이 이 세상에 존재하지 않고, 죄로 말미암아 타락하지 않은 영역은 없으며, 십자가의 보혈로 구속 못할 현실은 애초부터 없다. 그런 점에서 기독교는 진리의 총체성을 주장한다.

하지만 내가 보기에 이 주장은 탈현대적 정황을 고려하지 않고 있다.

피어시가 기독교 세계관이 총체적 진리라고 주장하려면 어쨌든 탈현대 이론가들이 제기하는 바, 진리의 총체성이 어떻게 서구 사회에서 억압과 기만의 이름으로 기억되는지를 짚어야 마땅하다. 리오타르가 정의한 바대로 탈현대는 메타 이야기 Metanarratives에 대한 회의이다. 삶의 다양성을 특정한 지역적, 계급적, 민족적 특수성에로 환원하려는 것이 지식과 권력의 전체주의를 초래했다는 탈현대의 요점은 전면적으로 거부할 수만은 없는 진실의 일면을 담고 있다. 그러기에 공적 영역과 사적 영역이라는 이분법이 초래한 사회적 불의와 논리적 모순을 따지는 것 못지않게, 세계에 존재하는 모든 것을 한데 아우르려는 탐욕스런 바벨탑이 서구와 근대에 어떤 죄악을 저질렀는지를 한번쯤은 반성해야 그의 논리가 어느 정도의 공정하게 여겨질 것이다.

    기독교 세계관은 총체성과 반총체성의 양 측면이 모두 있다하여, 탈현대적 사상가들과의 씨름을 통해서 그가 말하려는 총체성이 무엇인지, 그 총체성이 어떻게 다양성의 획일화가 아닌지, 다원주의가 늘상 의심받는 것이 상대주의라면, 진리의 총체성이 어느 하나로 묶을 수 없는 것들의 차이와 이질성을 폭력적으로 한데 통일하려는 저의는 곧 인식론적으로는 절대주의요, 정치적으로는 제국주의에 다름 아니라는 혐의를 어떻게 벗을 수 있는지를 밝히지 않으면 안 된다. 그러기 위해서 말할 수 있는 것과 말할 수 없는 것, 신비와 합리를 각각 존중해 주는 것, 제 자리에 두는 것이 진리를 온전히 보전하는 것이 아닐까 싶다.

성서적 진리가 없다

　이 책의 진리가 완전하지 못한 두 번째 이유는 성서적 진리를 결여하고 있기 때문이다. 그것이 기독교 세계관이라는 이름을 달고 있는 한, 성서의 토대 위에 서야 한다. 기독교적이라는 단어는 성서적이라는 말과 등가의 것이다. 기독교 혹은 기독교적, 세계관 또는 세계와 관점이라는 단어들의 조합인 기독교 세계관의 본질을 규정하는 것은 결국 기독교다. 따라서 제 아무리 논리적이고 현실적으로 적절하더라도 성서의 시험을 통과해야 한다. 물론 그 반대의 경로도 진실이지만, 성서 이야기와 동떨어진 인문과학의 수사나 자연과학적 사실만으로 가득하다면, 구태여 기독교라는 레테르를 달 일이 무엇이겠는가.

　피어시는 성서의 창조, 타락, 구속 이야기를 전개하면서도 이야기의 성서 전체와 맥락을 고려하지 않는다. 성서 이야기는 특정한 정황을 배제하고서는 결코 읽을 수 없다. 예컨대, 예수가 누구인가라는 물음 역시 그 물음이 던져지는 상황 속에서 이해되고 대답되어야 한다. 가깝게는 황제의 도시 가이사랴 빌립보라는 지정학적 위치를, 바로 뒤로는 예루살렘으로 올라가 받게 될 십자가 죽음을, 그리고 십자가로 제자의 길이란 성공과 영광의 길이 아니라 자기 부인과 섬김의 길임을 가르치려는 예수의 의도, 멀게는 예수를 유대인의 왕으로 묘사하는 마태의 전체 서술 속에서 읽어야 한다. 그 맥락에서 예수는 유대의 헤롯과 로마의 시저와는 비견할 수 없는 절대 권력의 왕이며, 그렇다고 임의로 주관하고 크고자 하는 그들과 달리 섬기는 종이 되는 전혀 다른 방식으로 권력을 행사하는 왕이라고 대답하게 된다.

　저자는 창조와 타락, 그리고 구속이 세계관 논의에서 갖는 함의를 설명한다. "창조·타락·구속의 포괄적 비전에는 성/속의 분리가 들어설 여지가 없다"(171)는 것이 그의 핵심 논지이다. 이 중 그녀의 최우선적인 관심사는 창조이다. 성서의 창조 기사는 그녀에게 진화론의 부당성을 알리는 논거이다. 전체 4부 중에서 3분의 1을 차지할 만큼 중요한 주제이다. 다윈의 진화론이 어떻게 기독교를 공략했고, 어떻게 기독교가 부적절하게 대응했는지를 또박또박 반박한다. 진화론의 핵심은 자연주의인데, 그 세계관이 초자연주의를 배격하게 만들었고, 기독교는 자연주의가 설정한 수평적으로는 공과 사, 수직적으로는 초자연과 자연이라는 이층적 진리를 어떻게 수용하게 되었는지를 한탄한다.

하지만 묻지 않을 수 없다. 창세기의 창조 기사가 소극적으로는 다윈의 진화론을 반박하는 증거 텍스트 proof text인지, 적극적으로는 세계 기원에 관한 과학적 진실을 말하는 과학책인지에 관해 피어시는 일말의 의문조차 갖고 있지 않은 듯하다. 창조 이야기를 제일 먼저 기록하고 전승했고, 편집했던 이들의 역사적 정황은 안중에 없다. 낯선 땅 이집트에서, 그리고 이교도의 땅 바벨론의 창조 설화에서 히브리 백성들은 노예에 지나지 않았다. 그런 그들에게 지배와 억압을 재가하는 신적인 이데올로기에 대항하여 모든 인간이 하나님의 형상으로 동등하고도 평등하게 만드셨다는 성서의 창조 이야기는 다름 아닌 해방 사건이다. 이집트와 바벨론의 치하에서 신음하는 백성들에게 창조 신앙에는 진화론이 개입될 여지가 거의 없다.

게다가 그런 식의 해석은 성서 해석상 심각한 문제를 지니고 있다. 성서의 입장에서 보면, 그것은 이 일차 독자들에게는 호사스러운 사치에 지나지 않으며, 텍스트에 대한 부당한 간섭이다. 성서는 하나님의 말씀이다. 성서에 대한 우리의 자세는 들음이다. 순종이다. 자유주의가 성서를 인간의 말로 환원하려는 우를 범했다면, 보수주의는 성서를 신의 말이라고 하면서도 자신의 말을 그 성서에 들씌우려한다는 점을 인정하지 않고, 계속 고집을 피운다는 점에서 자유주의와 다를 바 없다. 보수주의의 본령이란, 성서가 말하는데서 말하고, 말하지 않는데서 침묵하는 것이라면, 이 지점에서도 그 정신을 구현해야 할 것이다.

| 과학적 진리가 없다

저자는 과학적으로 진화론을 논박하는데 집중한다. 그녀의 전략은 이렇다. 먼저 진화론의 과오와 실패, 심지어는 사실마저 날조하는 한심한 작태를 비난한다(5장). 그런 다음 진화론의 이면에는 초월을 거부하는 자연주의가 있으며, 기독교 세계관은 필립 존슨의 권고를 따라 자연주의에 집중해서 공격을 가한다. 진화론의 대안은 지적 설계 Intelligent Design이다(6장). 목적과 설계라는 개념을 도구로 삼아야 생물의 기원과 현상을 적절히 설명할 수 있다는 것이다. 불행히도 그녀가 보기에 기독교는 다윈의 방법론적 자연주의, 그러니까 세계를 설명하기 위해서 신과 목적 개념을 가정하지 않고, 다만 물질은 물질적 방식으로만 해명할 수 있다는 주장에 묵시적으로 동조한다(8장).

창조과학과 지적 설계 운동에 대한 찬반, 즉 그것이 성경의 창조에 대한 바른 이해에 기반한 것인지, 또 과학적인지는 보류하도록 하자. 단하나, 진화론이 과학이 아니며, 한갓 현실과 추상된 거짓 이데올로기에 지나지 않는다는 것은 짚어보아야 한다. 진화론은 과학이다. 문제는 과학의 정의에 있다. 19세기와 20세기 초반에 반짝했던 실증주의적 과학

관처럼 사실에 대한 절대 진리에 대해 과학이 일부 미련을 두고 있지만, 그것이 대세는 아니다. 진화론이 과학인 것은 생물현상에 대한 설명 능력이 지금 인류와 학자들이 갖고 있는 제반 이론 중에 가장 뛰어나기 때문이다. 그렇지만, 진화론 자체로 모든 현상을 설명하지 못하며, 풀어야 할 난제가 수두룩하다.

 그렇다면 대번에 진화론은 엄밀한 과학이 아니라면, 창조론도 과학으로 인정하고 교과서에 넣어달라고 할 것이다. 하지만 예를 들어 보자. 순전히 임의적인 수치이니 크게 개의치 말고 보아 주기를 당부한다. 진화론은 60-70% 정도를 설명하고, 지적 설계는 30-40% 가량을 설명한다고 말할 수 있다. 그럼에도 진화론이 통상 과학에서 표준의 역할을 하는 것은 여타의 이론에 비해 월등한 설명과 예측 능력을 지니고 있는 데서 찾을 수 있다. 그 능력이 진화론을 정상 과학의 위치에 등극하게 해 준 것이다. 따라서 지적 설계가 과학에서 표준적 역할, 곧 정상 과학으로 자리 잡기 위해서는 먼저 진화론이 설명할 수 없는 것이 너무 많아져서 진화론의 본체, 곧 자연 선택과 돌연변이로는 더 이상 감당할 수 없는 예외가 누적되어서 진화론이 내적으로 붕괴되어야 한다. 그때에 과학자들은 누가 말하지 않아도 자연스레 진화론을 버리게 된다. 그렇다고 과학자들이 대뜸 진화론을 폐기하지 않는다. 진화론보다 더 많은 설명 능력을 가지고 있는 대안이 등장하기 까지 진화론은 숱한 문제에도 불구하고 표준으로 과학 활동을 지배하게 될 것이다.

 그렇다면 지적 설계 운동이 할 일은 진화론 이상으로 자연을 설명하는 체계적인 담론을 생산하는 것이 대안이다. 진화론의 약점과 그 전제인 자연주의라는 세계관에 대해 필립 존슨과 같은 법학자나, 피어시와 같은 신학자가 나설 일이 아니라 마이클 베히나 윌리엄 뎀스키가 앞장

서서 진화론을 능가하는 더 포괄적인 방법과 비전을 제시해야 하겠다. 현재 과학자들은 설계 개념 없이도 자연 현상을 설명하는데 얼마간의 어려움은 있지만 별다른 문제를 느끼지 않는 것으로 보인다. 설계론자인 뎀스키가 한번은 "과학적 패러다임이 이동하기 위해서는 이동해 갈 새로운 패러다임이 미리 준비되어 있어야만 한다. 아무 것도 없는 곳으로 이동할 수는 없다. 만약 지배 패러다임을 거부하려면, 그것을 대체할 수 있는 새로운 진보된 패러다임이 있어야만 한다."뎀스키, 「지적 설계」(IVP), 155.고 말한 적이 있다. 부디 설계 운동이 그렇게 되기를 또 한 사람의 초자연주의자로 간곡히 부탁한다.

| 일관된 진리가 없다

이 책 전체의 전개 과정은 결론과 불일치를 보인다. 저자는 책의 대부분을 창조에 기초한 기독교 세계관을 전개했다. 읽으면서 내심 서평을 쓸 때, 왜 구속의 틀, 그러니까 루터로 말하자면, 십자가의 신학이 전혀 나타나지 않는가를 지적할 심산이었다. 그런데 13장 "참된 영성과 기독교 세계관"은 내 예상을 깨고, 배척받고, 죽임당하고, 살아나는 십자가의 신학에 의거해서 교회가 타당성 구조가 되어야 한다는 것을 강조한다. 나의 기대가 빗나가는 것은 즐거운 일이다. 그리스도인 개개인의 성품의 변화와 교회 공동체 전체가 그리스도의 십자가를 반영하기까지 복음은 기쁜 소식이 아니라 소음으로 세상에 들려질 것이다.

저자는 서두에 창조, 타락, 구속 그 어느 것도 없어서는 안 된다고 했지만, 전체를 지배하는 것은 창조였고, 결론에서는 생뚱맞게 구속의 패러다임으로 예수의 성품 공동체로서 교회와 영성을 말한다. 내 생각에, 저자는 일관성을 유지하기 위해서 창조의 영성을 결론으로 제시해야 했다. 자연이 뿜어내는 장엄한 찬양에 귀를 기울이라고 우리를 독촉함으로써 자연주의가 그저 물질 덩어리로 치부했던 자연을 생명체로, 유기체로 인식하자고 역설하는 것 말이다. 아니면, 그 반대로 십자가의 신학으로 2부의 다원주의와 싸우고, 3부에서는 기독교의 후퇴를 비판했어야 했다.

이는 그녀가 루터교인이라는 것이 암묵적인 요소로 작용한 듯 싶다. 2·3부의 내용은 화란 개혁파와 그 후손들인 쉐퍼의 논지를 따랐고, 4부 결론은 루터파의 입장을 추종한 것이다. 어쩌면 그녀는 이 양자 사이에 아무런 모순이나 갈등이 없다고 보았는지도 모른다. 종교 개혁 운동 중에서 주류라는 점에서 한데 얽히겠지만, 십자가와 고난을 강조하는 루터와 부활과 영광을 강조하는 칼뱅 사이에는 차이가 있다. 어쨌든, 창조, 타락, 구속의 포괄적인 비전 속에서 창조의 관점으로 수미일관되게 자신의 논지를 밀어붙이지 못한 것이 못내 아쉽다.

한국이 없다

한국 사회와 교회의 현실이 이 책에는 없다. 너무 지당한 말이다. '나는 미국인이에요' 라고 피어어시가 한 마디만 하면 된다. 지난 20여 년의 세월 동안 세계관 운동은 한편으로 교회 갱신과 함께 사회 변혁을 지향하려는 보수주의 내의 움직임이었다. 교회는 성장과 기복에 함몰되어 있고, 사회는 독재와 분단으로 신음하고 있었다. 게다가 변혁 세력은 마르크스주의에 입각해서 한국 사회 전체의 혁명을 지향했고, 진보적 기독교 운동권은 해방신학과 민중신학을 지도이념으로 삼았다. 아무래도 거북스럽기에 거부할 수밖에 없었다. 그 대안이 기독교 세계관이었다.

이제 세계관 운동이 청년에서 성년으로 성장하고 있는 이때에 기독교 세계관이 교회 갱신과 사회 변혁에 얼마나 일조했는가를 꼼꼼히 따져보아야 하겠다. 그들은 교회를 향해서 늘 외쳤다. 왜 교회는 내세에만 매달려서 땅에서 고통하며 뒤채는 역사와 민중의 한을 보듬지 않는가? 언제까지 우리가 교회에만 머물러 있을 것이냐, 이층적 진리를 수용해서 그리스도의 전일적 주되심을 저버려서는 안 되지 않는가? 이런 목소리에 뒤늦게나마 이제야 교회는 응답했다. 성공했다고 자평하고, 자축할 만하다.

하지만, 그 결과는 죄송하지만, 참혹하다. 예상과 달랐다. 한국 교회가 드디어 정치와 사회 현실 전면에 등장했지만, 그것은 한국기독당과 한기총이었고, 사학개정법 반대에 올인하고, 영화 다빈치 코드 상영을 순교의 각오로 맞서고, 시청 앞에서 성조기와 함께 "I Love Bush!"를 연호하면서 자국의 대통령에 대한 인신공격을 서슴지 않는 행태였다. 사적인 영역에서 움츠러들기를 거부하고 공적 사회 전면에 하나의 권력으로 등장했다. 그렇게 보수 기독교를 향해서 왜 정치라는 하나님의 영역을 포기했느냐고 질타를 했는데, 이런 결과를 추수했으니 당혹스럽고 참혹스럽기 그지없다.

이제는 정반대로 말해야 할 지경이 되었다. 다시 교회로 돌아가라고. 세습하지 말고, 재정 비리 저지르지 말고, 예전처럼 영혼 구원이라는 종교의 고유한 본질에 집중하고, 세상은 세상 알아서 돌아가게 내버려

두자고 말이다. 낸시 피어시도 지적한 바와 같이 교회는 복음의 영적 실재를 내면화해야 한다. 하지만 한국교회는 그러지 못하다. 그 내적 실재가 충만하기는커녕 텅 비어있었거나, 아니면 교회 역시 세상과 동일한 메커니즘으로 작동하고 있다. 좋은 나무가 좋은 열매를 맺는다. 열매를 강조하기 전에 나무와 그 뿌리 상태를 점검하는 것이 급선무다. 다시 교회주의에 매몰되면 안 되지만, 교회부터 추스르는 것이 일차적이다.

이런 현실에 이 책, 「완전한 진리」가 어떤 역할을 할지 자못 기대가 된다. 확실한 것은 이 책은 당분간 기독교 세계관 운동의 표준적인 교과서 역할을 톡톡히 할 것으로 보인다. 그만한 내공을 충분히 갖추고 있다. 또 그렇게 되기를 기대하기에 필독을 권한다. 그렇더라도 이 책에는 한국적 현실을 반영하지 못하고 있으므로 애들러의 경구를 약간 패러디하자면 이렇게 말하겠다. "어떠한 좋은 책에도 반드시 독자가 감당할 몫이 있다."

 「완전한 진리」 낸시 피어시 / 홍병룡 옮김 / 복있는사람 / 2006

함께 읽을 책

그리스인, 이제 어떻게 살 것인가?
찰스 콜슨·낸시 피어시 / 정영만 옮김 / 요단 / 2002

    이 책은 「이것이 교회다」와 「백악관에서 감옥까지」홍성사로 잘 알려진 찰스 콜슨이 피어시와 함께 쓴 책이다. 프란시스 쉐퍼에게 바친 헌사에서 보듯이 「완전한 진리」와 마찬가지로 기본적으로 쉐퍼의 노선을 견지하고 있다. 쉐퍼는 이 두 사람에게 "기독교를 총체적 세계관으로 이해할 수 있도록" 깊은 영향을 주었다. 이 참에 이들의 관점에 쾌히 동의가 된다면, 쉐퍼의 3부작을 필히 읽어 보기를 권한다. 「이성에서의 도피」, 「거기 계시는 하나님」, 「거기 계시며 말씀하시는 하나님」이다. 여기에 덧붙여 「그러면 우리는 어떻게 살 것인가」를 읽는다면 금상첨화일 것이다.

    개인적으로 이 책과 관련해서 내게는 두 가지 에피소드가 있다. 하나는 몇 년 전에 찰스 콜슨이 북한에 대한 선제공격도 감행하는 것은 성경적으로 정당하다고 미 국방장관 럼즈펠드에게 조언했다는 Christianity Today 기사를 본 이후로 그의 책이라면 괜스레 삐딱하게 보게 되었다. 기독교 세계관이 기독교적인 세계관이 아니라 미국적일 수 있다는 것을 심각하게 자성하는 계기가 되었다. '그러면 우리는 어떻게 살 것인가'에서 우리는 그리스도인이라기보다는 미국인이었고, 어떻게 살 것인가는 그리스도를 신실하게 따르는 것이 아니라 미국적 이익에 충실한 것이었다.

다른 하나는 내 영적 아버지인 전(前) 침신대 총장인 이정희 교수님이 저를 서점으로 데려가 이 책을 사 주시면서 '김목사도 이런 책을 쓰게나'라고 해 주신 바로 그 책이다. 이 책의 관점에 동의하든, 그렇지 않든 북미적 상황을 집요하게 물고 늘어지고, 그것을 그들 나름대로의 세계관으로 읽어내고, 비평하고 대안을 제시하는 자세는 본받아 마땅하다. 이 땅의 그리스도인들의 질문과 문제를 기독교 세계관으로 분석하고 비평하는 것은 바로 우리들의 몫이기 때문이다.

| 그리스도인의 비전

리차드 미들톤 · 브라이안 왈쉬 / 황영철 옮김 / IVP / 1987

그 동안 알버트 월터스의 책, 「창조 · 타락 · 구속」IVP과 더불어 한국 기독교 세계관의 표준적 텍스트로 읽힌 책이다. 월터스의 책이 원론적으로 세계관이 무엇인가를 설명하는데 많은 지면을 할애한다면, 이 책은 기독교 세계관이 맞서 싸워야 하는 현대의 세계관이 무엇인가를 규명하는데도 공을 많이 들이고 있다. 물론 두 책 모두 개혁주의 세계관이 그 기저에 놓여 있다는 점에서 동일하다.

이 책의 특징은 네 가지 질문에 있다.(41) 나는 누구인가? 나는 어디에 있는가? 무엇이 잘못되었는가? 그 해결책은 무엇인가? 이것은 예의 기독교 세계관의 공식, 창조, 타락, 구속의 변형이다. 처음 두 질문은 창조, 무엇이 잘못되었는가는 타락, 마지막 질문은 구속에 해당한다. 이 질문은 제임스 사이어가 제시한 일곱 가지 질문이 너무 철학적이고 현학적인 것에 비하면 상당히 현실적이고 적절하다.

그런데 이 저자들이 세계관에 대한 새로운 책을 출판했다. *Truth Is Stranger Than It Used to Be*IVP이다. 애초에 개정판을 내려고 했던 것을 아예 전면적으로 다시 쓴 것이다. 그들은 포스트모던한 현상 속에서 기독교 세계관이 어떻게 대응하고 대안을 제시할 수 있는지를 모색하고, 세계관이 늘 비판받던 이야기를 복원한다. 내가 보기에 피어시의 책과 함께 이 책이 번역 서적으로는 쌍벽을 이루면서 세계관 논의를 발전시킬 것으로 확신한다. 이 책은 살림 출판사에서 저와 후배의 번역으로 출간되었다. 제목은 「포스트모던 시대의 기독교 세계관」이다.

| 죄 많은 이 세상으로 충분한가
송인규 / IVP / 1984

| 니고데모의 안경
신국원 / IVP / 2005

| 기독교 세계관이란 무엇인가?
이승구 / SFC / 2005

세계관 공부를 위해서 이제는 외국 학자들의 것만 읽을 필요가 없다. 70년대 후반부터 시작된 한국의 저자들의 내공 또한 만만치 않기 때문이다. 먼저 송인규 교수의 책은 부제가 말해주듯이 기독교적 세계관 정립의 시급성을 긴급히 호소한다. 그리고 그 세계관의 골격이 무엇인지, 어떻게 공부할 수 있는지를 친절하게 설명한다. 특히 여타의 다른 저자들과 달리 한국인의 세계관을 찬찬히 들여다보면서 우리의 기독교적 세계관이 어떠해야 하는지를 조목조목 짚어준다는 점에서 그 어떤 책보다도 한국적이라고 할 수 있다. 입문용으로 그만이다.

신국원교수의 책은 최근에 나온 기독교 세계관 관련 책으로, 장점은 요점을 간결하게 정리하면서도 그 요점을 잃지 않고 가장 평이하게 기술한다는 것이다. 정말 쉽게 풀어쓴, 말 그대로 세계관 이야기다. 모두들 세계관 공부가 난해하다고 투덜거리는 것을 여기저기서 엿듣게 되는데, 학자적인 실력을 일상의 이야기를 곁들여서 쉽게 다가온다. 그리고 젊은 세대가 던진 세계관에 대한 도전을 무시하지 않는다는 점에서 젊은 청년의 책이고, 적어도 20년 이상의 고뇌의 농익어 정리되었다는 점에서 성숙한 장년의 책이다.

이승구교수는 하드코어 칼빈주의자로 불리는 분으로, 이 책이 한국 기독교 세계관 논의에 끼친 영향은 두 가지라고 본다. 하나는 기독교 세계관은 중생한 그리스도인의 것이어야 한다는 점, 다른 하나는 하나님 나라, 곧 신국적 관점에서 전개한다는 것이다. 송인규와 신국원의 책에 비해 조금은 읽기에 딱딱하더라도 어린아이는 젖을 먹고 장성한 사람이라야 단단한 식물을 먹는다는 히브리서 말씀을 기억한다면, 읽어봐야 하지 않을까 한다.

인도로 간 예수, 인도에서 오는 예수
_인도의 길을 걷고 있는 예수

| 그런 예수

선교는 이제 구호에서 일상이 된 듯싶다. 세계 2위의 선교 대국으로 성장한 교회에게 특별한 소수가 아닌 누구나 선교사이며, 어떤 형태로든지 이 땅에서 선교사의 삶을 살아야 한다는 공감대가 형성되었다. 바울의 복음 이해가 곧 선교와 직결되고, 사복음서는 모두 선교에 대한 명령으로 글을 맺는다는 점에서 선교는 계속 추진되어 마땅하다.

허나, 우리 내부를 잠시라도 들여다보면 아찔하기 짝이 없다. 우리 자신부터 선교를 해야 할 지경이니 말이다. 한국 교회가 정작 선교의 대상이 되었다. 선교의 최고 걸림돌이 그 무엇도 아닌 바로 우리라는 것이 비극이다. 교회의 설교와 기독교 서적의 베스트셀러들이 부자 되라고 속삭이는 광고 카피나 부자 되는 노하우를 설파하는 처세술과 다르지 않다는 점은 무엇을 말하는가. 교회는 갈수록 세상이 되어가고 있다. 진정한 그리스도인은 "다른 모든 사람과 구별되는 사람이라고 정의"

(189)할 수 있다. 그렇게 소금의 맛을 잃어버리고, 이 세대의 정신과 가치를 그대로 본받는 우리에게 그런 예수는 없다고 세상 사람들이 우리를 향해 아우성이다. 그런 예수 뭐하려고 믿느냐는 비아냥이 곳곳에서 들린다.

그렇다고 희망이 전혀 없는 것은 아니다. 그런 예수는 없지만, 이 땅을 걷고 있는 예수는 존재한다. 서구의 체계와 체제 속에 주조되어 서구의 족쇄가 채워지지 않은 그리스도를 찾는다면, 모든 민족의 문제에 대한 유일하고도 궁극적인 해답을 얻게 될 것이다. "인도의 길을 걷고 있는 예수가 인도에 전하는 우리의 복음이 되어야 한다"(41).

다른 예수

그럼 '세계에서 가장 위대한 선교사'로 선정된 스탠리 존스에게 인도에서 예수는 어떤 의미인가? 선교사가 피선교지에서 복음을 발견했다는 말에 뭔가 떨떠름할지 모르겠다. 하지만 서구 기독교의 내적 에너지가 소진하고, 인종차별주의와 물질주의로 덕지덕지 분칠한 모습은, 그리고 그것을 마치 기독교의 이상의 구현인양 동양의 국가들에게 포교하는 것은 다른 종교이다. 유럽에 전파된 기독교는 정복자의 종교이다. 회심하면서도 전쟁과 살육의 오른손을 물속에 담그기를 거부하는 종교, 노예를 실은 메이플라워호의 청교도들의 인종차별적 신앙(20-24)을 전통과 정통으로 우기는 한, 그 예수는 예수와 무관하다.

서구 안의 비기독교적 요소마저도 서양 = 기독교라는 등식으로 종교적 재가를 서슴지 않을 때, "서구 문명과 상관없이 예수 그리스도를 영접하기를 원하"(23)는 인도인들에게 기독교는 제국주의의 첨병에 지나지 않는다. 기독교인이면서 전쟁을 그만두는 방법을 배우지도 못하고 오히려 신의 이름으로 승인하는 것은 반기독교적이며, 인도의 카스트 제도만큼 혐오스러운 백인들의 인종차별주의와 천박한 물질주의는 성서와 거리가 한참 멀다. 기독교 진리가 아니라 서구의 가치를, 그리스도의 영광이 아니라 제국의 이익을 대변하는 순간, 이교도주의일 뿐 그런 예수는 없다.

그렇다면, 서양의 기독교에 의해 변절된 예수와 다른 예수를 찾아야 한다. 존스는 기독교가 아닌 예수를 해답으로 제시한다. "성서나 서구문명, 혹은 서양에서 그리스도를 중심으로 세워진 어떠한 체계에 의해서가 아니라 오로지 그리스도에 의해서 정의되어야 한다"(38). 간단히 말해 "기독교는 예수 그리스도로 정의 내려야" 한다는 것이다. 다른 예수는 인생의 처세나 지혜를 가르치는 현자가 아니라 800만 번의 고단한 윤회의 사슬을 끊어내는 구원자이며(262), 종교적 기교나 교리나 신조, 기적에 의해서 증명되는 분이 아니라(9장) 예수처럼 사는 사람들의 삶을 통해서 지금도 볼 수 있는 분이다. 간단히 말해 십자가의 그리스도이다.

인도가 존스에게 요구하고 존스가 간디에게 준 것, 간디가 인도에 제공한 것은 십자가였다. 인생을 숙명과 인과응보로 받아들이는 한, 타고르의 말처럼 무엇이든지 인도에 도착하면, 그것은 멈추게 된다(73). 변화가 없다. 하지만 십자가는 그 자체가 죽음이요, 실패이므로 더 이상 패배나 좌절이란 없다. 십자가가 이미 부활이고, 고난이 곧 영광이고, 실패가 성공이므로 십자가를 자기 삶의 중심에 두는 사람에게 좌절은 결코 없다. 부활의 아침이 도래하고야 만다.

십자가는 간디를 위대하게 하고, 서양의 기독교를 초라하게 만든다.

십자가는 근본주의가 생각하듯이 정치의 회피도 아니며, 자유주의자들이 주장처럼 실패한 정치도 아니다. 권력과 무력을 의지하지 않고 오직 사랑과 진리의 힘에 의지에서 평화를 이루는 하나님의 능력이다. 불행히도 그 십자가의 예수를 기독교가 가르쳐 준 것이 아니다. 인도뿐 아니라 기독교도 십자가의 의미를 인도의 아들인 간디를 통해서 알게 된다(143).

슬프게도 십자가를 그저 고대의 한 모퉁이에서 일어난 일로 치부하거나, 불가능한 이상이어서 현실에 도저히 적용할 수 없는 윤리로 내몰때, 이 힌두교인은 십자가의 정치가 현실적이고 성경적이라는 것을 입증하였다. 그는 고통의 화염 속에서도 내면의 승리, 진리의 힘을 믿었고, 오직 그것만이 인도에 자유와 순결을 회복한다고 확신했다. 간디는 십자가가 정치의 영역에서도 실천될 수 있는 적실한 규범으로 이해했고, 그를 통해 "십자가는 종교적 교리가 아니라 삶 자체"(137)가 되었다.

그러니 기독교가 폭력과 전쟁을 정당화하기 위해 신학적 수고를 마다하지 않고, 원수의 섬멸을 위해 기도하는 동안에도 이교도들은 그리스도의 덕을 실천하는 아이러니를 어떻게 설명해야 하나? 언제까지 간디를 통해서 기독교가 십자가를 배울 건가? 언제 "제국과 그 제국의 정치적 후원을 기대하기보다는 십자가와 자기희생의 의미에 의존"(131)할까? 인도에서 오는 다른 예수, 그는 십자가의 예수이다.

현대판 예수

제자는 따르는 자다. 신자는 변호사가 아니라 증인이다. 복음의 승리는 이성의 증명 능력에 달려있지 않으며, 예수의 내적인 빛은 제 스스로 드러나기 마련이다. 우리는 다만 보고 들은 것을 말할 뿐이다(행 4:20). 그러기에 우리는 교사가 아니라, 소개자introducer이다. 우리의 "임무는 인도의 길을 걷고 계신 그리스도에게 사람들을 소개하는 것"(384)이다. 그리고 인도 스스로 인도의 길을 걷고 있는 예수와 함께 가도록 요한처럼 비켜 주어야 한다.

하지만 우리는 강 건너 불구경하는 구경꾼이나 단순한 정보 전달자가 아니다. 자신의 인격과 삶을 매개로 전달하는 소개자이다. 최근의 이야기 신학Narrative theology이 주목하듯, 진리는 진실한 삶을 요구한다. 예수의 하나님 나라는 그의 말과 행동 속에서 구현되며 예증되는 것이니까. 하나님 나라는 예수 자신이므로 둘을 결코 분리해서는 안 된다. 복음과 예수는 살고 죽는 생명의 문제요, 금생과 내세를 결정하며, 진리와 거짓의 경계를 규정한다. 생명과 진리와 무관한 사람은 아무도 없으니 모든 것이 결국 자기 자신에 대한 것이다.

놀랍게도 그리스도인이 아니라 인도인들이 이 점을 주목했다. "예수는 정말 이상적이고 멋진 분입니다. 그러나 당신네 기독교인들은 정말 전혀 그를 닮지 않았군요"(206). 복음과 선교는 곧 우리 자신을 매개로 해서 전달된다. 하나님이 예수 속에 육화한 것처럼, 바울이 당당히 '나의 복음'이라고 외쳤듯이, 복음은 우리의 삶과 말을 통해 소개된다. 진정한 복음 사역은 전파하는 자신 안에서 시작된다. "기독교 사역은 기독교 사역자의 문제이며, 기독교 사역자의 특성에서 나온다"(30). 올바른 선교 방식이란 소개자의 기독교적 경험을 통과한다. 간디가 존스에게 제안한 네 가지도 "우리가 신실한 그리스도인이 되어야 한다"(219)는 것으로 요약할 수 있다.

인도인들이 복음을 거부할 수 없는 까닭은 예수와 기독교적 경험에 있다(253). 신자의 삶이 오늘을 사는 예수의 삶을 드러내면 세상이 감당치 못하는 것은 예나 지금이나 동일하다. 초대교회가 예수 이야기를 그대로 살았을 때도 그랬으니까. 나의 삶은 예수의 십자가와 부활의 빛 아래서 조명을 받으며, 예수의 복음은 신자의 삶을 통해 해석되고, 선포된다. 사람들은 우리의 언행을 통해 신선하고 살아있는 예수를 경험한다. 마치 예수를 통해 하나님을 믿듯이 말이다.

실제로 이 책의 파워는 예수의 내적인 매력의 발산에 기인하지만, 간과해서는 안 될 것은 스탠리 존스의 인격과 사상, 그의 사역이 내뿜는 빛에 있다. 이 책에서 말하는 예수란 궁극적으로 존스의 인격과 삶으로 매개된 예수이다. 그러므로 십자가를 따라 사는 것만큼 더 이상 강력한 변증은 없다. 그리스도인이 사회에 이바지하고, 선교에 공헌할 수 있는 가장 중요하고도 대치될 수 없는 봉사는 우리가 먼저 예수처럼 사는 것이다. 간디의 말처럼 산상수훈처럼 행동하면 달리 더 무엇이 필요하겠는가, 그 삶이 모든 것을 말해 주므로(135).

인도 예수

하지만 우려가 전혀 없는 것은 아니다. 인도의 다원주의를 고려하면, 복음에 대한 인도의 반응은 힌두적이다. 스스로 힌두교인이라 고백하는 그들에게 예수는 그저 인간 역사 가운데 나타난 많은 신 중 하나 혹은 그 중에 뛰어난 신의 하나에 불과하다. 존스와 마찬가지로 오랫동안 인도에서 선교사역을 한 레슬리 뉴비긴Lesslie Newbigin은 그의 책

「다원주의 사회에서의 복음」 IVP에서 젊은 선교사 시절 일주일에 한 번 저녁마다 복음 공부를 승려들과 함께 했던 사원을 들렀을 때의 일이다. 그 곳에는 인류의 위대한 종교 지도자들의 초상화 속에 예수의 초상화도 걸려 있었다. 이는 인도에서의 선교는 예수님을 힌두교의 세계관 속에 편입시키는 행위가 될 개연성이 농후하다는 것을 함축한다.

그러나 예수는 결코 "힌두교의 세계관에 맞게 동화"될 수 없다. 선교의 목표는 자신의 삶과 세계관을 성서 안의 새롭고 기이한 세계의 빛 아래 갖다 놓는 것이다. 서양의 근대는 이성의 틀 안에 그리스도의 복음을 집어넣는다. 인도의 다원주의 역시 오직 예수를 자신의 체계 안에, 그리고 힌두교의 세계관에 아무런 도전도 줄 수 없는 방식으로 동화시킨다. 그런 예수는 없다. 성경 그 어디에서도, 역사적으로도 그런 예수를 그리스도인들은 믿은 적이 없다.

인도의 다원적 세계관을 염두에 두고 이 책을 읽는다면, 단정할 수는 없지만 적어도 그들의 놀라운 반응은 '인도의 복음화'가 아니라 '복음의 인도화'일지도 모른다. 복음은 인도의 심성과 영혼에 자리 잡아야 하지만, 인도의 정신의 포로는 아니다. 기독교의 서구화가 초래하는 위험을 기독교의 인도화에도 존재한다는 것을 간과해서는 안 될 것이다. 인도인들에 의해 서양이 좀체 발견하지 못했거나 또는 쉽사리 잊어버렸던 원초적 복음을 발견하게 되었다고 해서, 그들에게서도 기독교가 변형될 가능성마저 눈감아서는 안 되겠다.

자신을 스스로 힌두교인이나 조로아스터교를 신봉하는 파르시 Parsee 라고 자처(110)하면서도 예수를 존경하고 숭배하는 인도인의 모습은 인도의 미덕을 보여주는 것으로 보인다. 하지만 예컨대, 인도인들의 힌두교와 분명 의견의 불일치가 존재하는데도 언제나 예의와 친절로 존스를 맞아주는 것은 인도인이 문명인이라기보다(154)는 그들의 다원적 세계관에서 찾아야 할 것 같다. 존스는 "그들과 이야기를 나누면서 인도가 예수 그리스도를 진심으로 받아들이게 되면 그리스도를 삶의 한 귀퉁이로 내몰지는 않을 것이라는 생각"(178)하지만, 인도인은 그 예수를 자신의 세계관과 아무런 모순이나 갈등도 일으키지 않는 모습으로 변조해서 받아들이는 것은 아닐까?

그냥 예수

어느 시대나 하나님을 보여 달라 외치는 빌립이 있다. 그리스도의 길을 알지 못하는 도마가 오늘날에도 많다. 누가 해야 하는가? 누가 할 수 있는가? 그리스도인들이다. 이 책은 우리가 예수를 만지고 잡는 데에도 일조하기에 넉넉하다. 예수를 찾는 여정에 더 없이 요긴한 안내자다. 선다 싱은 마치 신약 성서의 한 페이지에서 걸어 나온 듯한 삶으로 그리스도를 증언했다. 교리나 기적만이 아닌 바로 너의 경험으로 예수를 해석하고, 너의 삶을 통해 예수를 드러내라는 존스의 부탁에 나를 비롯해 우리 모두가 응답해야 하겠다.

대학 시절 내 마음의 스승이 한분 있었다. 그분은 내게 결혼 축하 선물로 내 신앙의 영원한 화두가 된 한 글자를 주고 기독교를 홀연히 떠났다. 붓 대신 먹으로 쓴 글씨였다. 의도적으로 왼손으로 쓰셨다고 했다. "그냥 예수." 함께 동봉한 편지를 가난한 살림살이로 이리 저리 유랑하느라 죄송스럽게도 분실하고 말았다. 다만, 그는 오른손이 상징하는 바 제국주의적이고 서양적인 기독교, 없는 자의 손을 외면하고 가진 자의 배를 채우는 기독교를 버린다고 했다.

  선생님은 내게 예수를 소개하고 자신의 역할을 다 마친 듯이 훌훌 그렇게 떠나 버렸다. 그냥 예수만 남겨두고. 내게는 너무 큰 짐을 지우고. 그냥 예수를 따라 살기에 너무 버겁기에 그냥 산다고 답장했던 것이 기억난다. 이제 보니 존스의 예수는 스승의 그냥 예수였다. 저자는 예수는 지금 인도의 길을 걷고 있고, 인도는 예수의 길을 걷는다고 했다. 예수는 지금 어느 곳에선가 당신의 길을 걷고 있을 테고, 우리가 알지 못하는 어느 누구는 그분의 길을 걷고 있을 것이다. 그냥 살기에는 그냥 예수는 나를 그냥 내버려 두지 않을 듯하다. 놀랍고 기이한 이 길을 인도에서 온 그냥 예수와 함께 그냥 갈 수밖에 없을 것 같다. 그분이 부르셨기에 말이다.

 「인도의 길을 걷고 있는 예수」 스탠리 존스 / 김상근 옮김 / 평단문화사 / 2005

함께 읽을 책

| 히말라야의 눈꽃 : 썬다 싱의 생애
이기반 / 홍성사 / 1990

　인도의 길을 걷고 있는 예수님을 붙좇았던 한 사람이 있으니, 바로 선다 싱 Sundar Singh이다. 그는 그리스도를 온전히 따라간 우리 시대의 진정한 구도자이다. 그의 생애와 사역을 둘러싼 갖가지 신비한 이적과 엑스타시로 인해 그에게 엄청난 아우라가 형성된 것이 사실이다. 그의 극적인 회심, 담요 두장과 성경 한 권만을 든 채 네 개의 대륙과 스무 나라를 순례한 무소유의 선교 여행, 그 와중에 벌어진 좀체 그 수를 헤아릴 수 없이 많은 치유 사건과 기적들, 히말라야 산 속 깊은 곳에서 수백 년을 수도하는 은자와의 만남, 그의 신비주의 등은 눈에 보이는 것을 전부로 믿고 싶어 제 스스로 물질문명에 사로잡힌 우리에게 경종이 아닐 수 없다.
　하지만 무엇보다도 선다 싱의 가치는 인도의 그리스도교의 가능성을 열어 주었다는 것에 있다. 그는 자신이 만난 그리스도에 서구의 옷을 입히기를 거절했다. 그것은 그저 서양 그리스도인의 경험이요 역사일 따름이다. 그렇다고 그가 예수를 인도와 동일시 한 것도 아니다. 오랜 인도 역사의 이상은 기독교에 의해서만 완성될 수 있다고 그가 믿었다는 점에서 인도와 기독교는 하나로 만나 혼융을 이룰 수 있지만, 인도를 기독교로 승화시켜야 할 과제는 여전히 남는다. 기독교의 서구화가 문제라면, 인도화 역시 동일한 잘못을 범한 것이 아니겠는가? 그래서 그는 기독교를 서양도, 동양도 아닌 모든 인류의 신앙으로 믿는 것은 당연하다. 이 책과 함께 「선다 싱을 만나다」IVP도 함께 읽어보기를 권한다.

| 내가 알지 못했던 예수
필립 얀시 / 요단출판사 / 1998

스탠리 존스와 썬다 싱이 인도에서의 예수가 누구인지를 묻는다면, 얀시는 성경에서의 예수가 어떤 분인지를 말한다. 그 예수는 우리가 결코 알지 못했던 분이다. 우리가 매일 성경으로 묵상하고, 그 말씀을 듣고 기도하지만, 정작 우리는 예수가 누구인지를 잘 모른다. 예수를 영혼의 구세주로, 인생의 구주로, 삶의 멘토로 삼는 예수쟁이들이 예수를 잘 모른다는 말을 한다면, 그것은 웃어야 할 일인지, 울어야 할 일인지 잘 모르겠지만, 그것은 틀림없는 사실이다. 우리는 예수를 잘 모른다. 괜스레 예수를 좀 안다고 허세나 허풍을 그만 떨지어다!

얀시의 매력과 장점은 우리가 상투적으로, 그리고 진부하게 알고 있는 것을 뒤집어서, 그래서 전혀 다른 각도로 보게 해 준다는 데 있다. 너무 자주 들어서 그렇고 그런 말들이 그를 통과하기만 하면, 완전히 새로운 이야기로 태어난다. 세상은 이 한 사람을 알아야 하고, 그리스도인은 그 한 사람에 대해 살아내는 이들이다. "너는 나를 누구라 하느냐?" 이 한 물음에 그리스도교는 서 있고, 우리는 이 물음에 대한 답변이다. 칼 바르트가 당신이 누구인지는 당신이 예수에 대해 말하는 것을 들어보면 단박에 알 수 있다고 했다. 만약 당신이 이 질문을 회피할 요량이 아니라면, 그래서 대답하기를 원한다면, 이 책을 피할 수 없다.

그리고 김진의 「30분에 읽는 예수」랜덤하우스중앙, 2005를 소개한다. 얀시의 책이 따뜻하다면, 김진의 책은 명쾌하다. 그리고 전자가 분량이 만만치 않다면, 후자의 것은 간단하다. 아무래도 얀시가 보수적이라면, 김진은 진보적이다. 이런 딱지 붙이기가 한 사람과 사상의 전부를 파악하는데 어느 정도 요긴하지만, 과도하게 사용하면 위험하다는 것을 감안하고 이해를 위해 비교하자면 그렇다는 말이다. 그러니까 같이 읽으면 좋다고 권하는 것이다. 뉴스앤조이 전 대표인 김종희 기자는 이 책을 일러, '30분'에 읽을 책이 아니라 '30번'을 읽을 책이라고 했다. 적어도 한번이라도 읽어야하지 않을까?

청년들아, 욕망의 바다에서 영원의 길을 찾는 구도자가 되라
_이재철의 청년서신

| 누가 문제인가?

"이 세상을 회복시키는 한 알의 밀알이기보다는 오히려 세상을 타락시킨 공범으로서의 우리 자신 말이다."「내게 있는 것」, 115. 오늘날은 그리스도와 성경이 아니라 교회와 교인이 골칫거리가 된 시대이다. 특히 청년들에게 예수는 찬성하지만, 교회와 교인은 또 하나의 '오 노'이다. 하나님의 영광을 현시해야 할 교회가 도리어 방해거리가 되었단 말인가? 누가 영광의 복음을 이다지도 초라하고 비참한 나락으로 몰아넣었는가? 그건 다름 아닌 우리 자신이다. 성경이 결코 불교신자나 이슬람교도에 의해 왜곡된 적이 없었듯이 기독교와 그 신앙의 왜곡은 "언제나 하나님을 믿는다는 사람들, 하나님의 말씀을 잘 안다는 사람들, 스스로 하나님의 선민이라 자랑하는 자들, 그리고 하나님의 말씀을 직업적으로 맡았다는 성직자들에 의해 왜곡되어 왔다."「인간의 일생」, 162. 세상이 교

회를 유혹하더라도, 타락의 책임은 전적으로 교회 자신에게 있다.

그럼에도 세상을 변혁하는 교회가 되자는 구호가 넘쳐나고 있다. 세상의 부패와 타락에 일조하고 있는 자신에 대한 깊은 성찰과 철저한 회개가 수반되지 않는 말은 결국 졸업식장에서 온갖 화려한 수사를 동원하지만 아무도 귀를 기울여 듣지 않는 송사와 답사에 다를 바 없다. 교회의 대 사회적 발언들이 도리어 냉소와 무관심으로 되돌아 올 때, 교회사의 개혁자들이 그랬듯이 기존에 정립된 모든 정답들에 대해 한번쯤은 의문부호 안에 넣어 두는 것, 그리고 전통과 역사, 현실이라는 외양을 제쳐두고 원초적 복음으로 돌아가는 것, 다시 말해 본질을 회복하는 것이 살 길이다.

본질을 회복하는 길에서 우리가 주목해야 할 설교자가 이재철 목사이다. 그의 외적인 공식 이력은 대략 다음과 같다. 홍성사의 창립자로, 주님의 교회 담임목사로, 스위스 제네바의 선교사로, 그리고 지금은 개인 복음 전도자로 서울의 한 작은 교회에서 중고등학생들을 섬기는 교사이다. 이 여정에서 성공할수록, 유명해질수록 자연스레 주류사회로 진입하는 것이 일반적 관례라면, 그는 이 공식을 파괴하고 있다는 점은 흥미롭다. 홍성사나 주님의교회나 제네바한인교회나 시쳇말로 모두 성공한 사례인데, 그는 잘 나가는 자리를 훌훌 털고 유목민처럼 미련 없이 떠나 버린다. 마치 그곳에 오래 머물러 있으면 큰일이라도 나기라도 하는 사람처럼 말이다. 하나님을 위한 고난의 자리에서 자신을 위한 영광의 자리로 변질되기 전에 얼른 그는 포기하고 새로운 길을 개척하는 탁월한 자기 부인의 정신이다.

그런 그가 현존하는 미래인 청년들을 향해 입을 열었다. 네 권의 청년서신을 일관되게 흐르는 핵심 키워드 하나는 버려야 할 욕망이고, 다른 하나는 추구해야 할 영원이다. 그리고 이 두 단어를 하나로 종합해 주는 개념어는 바로 '회복' 이다. 그러니까 회복되기 위해서는 인간의 욕망을 버려야 하고, 회복은 바로 영원의 논리에 의해서만 가능하다는 말이 된다. 그가 말하는 회복은 믿음의 본질을 되찾는 것에 다름 아니다.「회복의 신앙」, 8.

 이런 경향은 그의 청년 서신의 후반부에 갈수록 강도를 더한다. 모두가 부자 되기를 꿈꾸는 세대를 지배하는 황제의 논리, 경제의 논리를 배격하고 십자가의 주님의 논리를 따르는 믿음을 강조하는 「내게 있는 것」, 그리고 다윗의 일생을 통해 신앙을 자기 야망의 도구로 삼는 것의 위험을 경고하면서 진짜 크리스천, 프로 크리스천이 되기를 당부하는 「인간의 일생」에서 그 수위가 더 높아진다. 그리고 결단을 촉구한다. 그리스도만을 따르라고. 예수를 그리스도요 하나님의 아들이라고 믿는 것은 어떤 상황에서도 그리스도에게만 순종하겠다는 약속을 하라고. "한 마디로, 이 세상을 압도하고 있는 황제의 논리를 따르지 않고 주님의 논리를 따르겠다는 고백이다. 경쟁자를 가차없이 짓밟고 최고 최대가 되어야 한다는 거대주의, 수단과 방법을 가리지 않고 무조건 목표를 달성해야 한다는 성공제일주의, 인간의 인격마저 물질로 가늠하는 황금만능주의로 대변되는 황제의 논리, 즉 매머니즘의 경제논리를 배격하고, 오직 길이요 진리요 생명이신 주님의 논리 – 그 영원한 논리를 따르겠다는 결단"「내게 있는 것」, 22 을 하라고 그는 다그친다.

회심에서 회복으로

욕망으로부터 회심하여 본질을 회복하라는 그의 설교는 삶에서 우러나온 것이다. 이재철의 설교와 글에는 그의 자전적인 글인 「믿음의 글들, 나의 고백」의 반영이다. 모든 설교는 설교하는 자기 자신을 통과한다. 가장 좋은 성경 번역본이 어머니가 읽어 주는 성경이라면, 가장 좋은 성경 해석은 신자 자신의 삶이라면, 가장 좋은 설교는 역시 설교자 자신의 삶만 한 것이 없다. 설교자의 역할은 파수꾼이기도 하지만, 증인이다. 자신이 목격한 것을 공적으로 증언한다. 다른 그 누구의 것도 아닌 내게 있는 것을 더하거나 감하지도 않고 전해야 한다. 파이프가 물은 전달하되 자신의 삶과 인격에 아무런 영향을 미치지 못한다면, 나뭇가지는 가지를 흐르는 물로 인해 잎사귀가 푸르고 열매를 맺는 법이다.

그는 이 책에서 홍성사의 역사와 함께 구두 속의 돌멩이 같은 인생이 '산 속의 돌멩이'가 되어 생명과 축복의 통로가 되기까지의 여정을 담담하게 기술하고 있다. 방탕한 선데이 크리스천으로 살았던 시간들이 역설적이게도 오늘 그와 설교를 형성한다. 이 여로에서 주목할 만한 단어가 '욕망'이다. 그는 겉으로는 홍성사의 경영이 하나님의 영광 때문이라고 했지만, 그 이면에는 세상의 것을 포기하지 않으려는 자기의 욕망이 들끓고 있었던 것을 애써 부인하지 않는다. 육체의 소욕과 성령의 소욕을 구분하지 못했고, 육체의 욕심을 마치 주님의 뜻을 이루는 도구라고 믿었다. 하나님의 영광이라는 것도 그의 욕망을 교묘하게 위장하기 위한 하나의 방편에 불과했다.「나의 고백」, 182. 그는 이제 성령을 거스르는 육체의 소욕에서 돌아서서 육체와 함께 그 정과 욕심을 십자가에 못박는다.

이런 모습이 이재철 목사 한 개인만의 문제가 아니기 때문에 그가 내뿜은 설교는 청년들에게 큰 가치가 있다. "대부분의 사람들은 자신의 욕망을 채우기 위해서 혹은 더 출세하기 위해서 예수님께 매달린다."「나의 고백」, 205. 지금의 청년들도 젊은 날의 이재철 목사와 하등 다를 바 없이 살아간다. 대부분의 신자들이 자신의 욕망을 성경과 하나님에게 투사한 다음, 그 투사된 욕망의 성취를 위해 매진한다.「인간의 일생」, 63. 하지만 그런 삶은 어리석기 짝이 없다. 자기 스스로 만든 예수를 믿는 것은 헛되고 헛된 일이다. 육체의 소욕 추구는 일시적이고 덧없는 허상이요 안개이다. 인생의 허비요 낭비이다. "욕망과 본능의 자리에 집착하여 허망한 황제의 논리로 내 생의 귀한 부분을 어이없이 탕진한 것이다."「내게 있는 것」, 132. 따라서 그의 설교는 자신의 경험이 고스란히 녹아 있는 육성 고백인 셈이다.

하지만 단지 욕망을 버리라고 촉구하는 것으로 굽어진 인간의 마음은 잘 변하지 않는다. 어둠을 탓한다고 밝아지는 것이 아니듯 말이다. 빛만이 어둠을 몰아낸다. 본질을 회복하기 위해서 먼저 신자가 신자답게 되어야 한다. 조금 엉뚱한 질문을 하나 해 보자. 성경을 깨달아야 제자가 되는가? 아니면 제자가 되어야 성경을 깨닫는가? 예수의 말씀을 이스라엘이 듣고도 듣지 못했던 것은 그 말씀이 지적으로 모순이 되거나 까다롭기 때문이 아니다. 요한은 그들이 모세로부터 말씀의 제자가 아니었기 때문이라고 한다. 제자가 아니기 때문에 말씀을 아무리 들어도 제자의 삶을 살지 못하고, 말씀으로 오신 예수를 박해하였던 거다.

이 질문은 어느 하나를 선택하라는 것이 아니다. 복음을 듣지 않고서 어떻게 제자가 될 수 있으며, 제자가 되지 않고서 어찌 주의 말씀에 순종할 수 있겠는가? 마치 닭이 먼저냐, 계란이 먼저냐와 같은 상호 순환

적이고 서로를 전제해야 하는 물음이다. 요는, 복음의 본질이 바르게 선포되어도 우리가 그 말씀을 따라 사는 제자가 되지 않고서는 성경은 듣는 자와 아무런 상관이 없다는 것이다. 우리가 먼저 제자가 되지 않고서는 우리의 성경 읽기와 설교 듣기, 그 외의 모든 종교적 행위는 자기 탐닉을 조장하고, 욕망을 가속 페달을 밟을 뿐이다.

본질의 회복을 추구하는 구도자

"모든 인간은 단 한 줄로 표현할 수 있다"「회복의 신앙」, 182.고 했다. 이재철 목사를 단 한마디로 표현한다면, 구도자가 가장 적절해 보인다. 그렇다, 구도자. 이재철 목사는 구도자다. 실제로 그 스스로도 목회자를 구도자라고 정의한다.「회복의 목회」, 89-95. 물론 산 속에 유리된 자가 아니라 세상에서 세상과 더불어 살아가는 세상 속의 구도자다. 그렇다고 다른 어떤 종교와 달리, 이 구도자는 진리를 알지 못해 진리를 찾아 방황하는 이가 아니다. "하나님께서 보여 주신 길, 예수 그리스도께서 우리에게 주신 길 – 그 진리와 생명의 도를 좇아간다는 의미에서의 구도자이어야 한다." 기독교에서 구도자는 진리를 찾는 자가 아니라 진리를 사는 자를 일컫는다. 우리는 아침에 도를 듣고 죽어도 좋다고 믿는 공자의 제자가 아니라, 아침에 도를 듣고 하루 종일 도를 위해 살다가 저녁을 맞이하는 것이 예수의 제자다.

구도자는 자기 욕망을 하나님의 뜻이라고 말하지 않는다. 야망과 비전은 엄연히 다르다. 그럼에도 교회는 "역사적으로 비전의 미명하에 망상을 좇았고 야망을 추구"「청년아」, 73.했다. 믿음이란 무엇인가? "신앙이란 신실이고, 신실이란 본질에의 신실함이다."「참으로 신실하게」, 4. 그렇다면 그리스도인은 누구인가? "눈으로 볼 수는 없으나 영원히 살아 있는 진리와 목숨을 맞바꾸는 자들을 일컬어 우리는 믿는 이라고 부릅니다."「믿음의 글들」 취지문에서 믿음은 자기 욕망과 이기심에 집착하고자 하는 마음을 갈아엎는다. 자기 욕망을 위해서 진리를 자신의 도구로 삼으려는 허망한 생각으로부터 벗어나 진리의 지배에 복종한다.

자기 욕심과 하나님의 뜻의 동일시는 하나님을 왜곡하고 필요에 따라 조종한다. 이는 「야베스의 기도」의 저자인 브루스 윌킨슨을 비교해 보면 단박에 알 수 있다. 이재철 목사는 제네바에서 장신대 신대원 수련회를 인도하기 위해 한국으로 돌아오는 길에, 윌킨슨은 중요한 강의를 위해 가는 길에 비행기를 놓칠 뻔 한다. 이 상황에서 윌킨슨은 '주님, 비행기를 연착시켜주셔서 제가 탈 수 있게 해 주세요' 라고 기도한다. 어떤 이유에서든 지간에 비행기는 연착했고, 그 결과 소피라는 한 여인을 인도한다. 이러한 기도 응답은 윌킨슨에게는 지금 나와 함께 하시는 하나님의 손길이며, 하나님께서 우리를 존귀한 자로 여기신다는 증거 자료로 활용된다. 이것이 잘못인 까닭은 "영원하신 하나님을 믿음으로 그릇된 자아를 버리려는 것이 아니라, 자기 욕망의 성취를 위해 하나님을 이용하려 하기 때문이다. 하나님을 믿는 것 같지만 실은 자신의 힘과 능력, 즉 자기 자신을 하나님 위에 두고 있다"「인간의 일생」, 171.는데 있다.

반면에 이재철 목사는 두 시간이나 늦게 비행기가 이륙해도, 도착 시간이 바뀌어서 가족과의 약속이 어그러지고, 트렁크도 제 때에 도착하지 않는, 완벽하게 꼬이는 상황이 인생의 기로에 서서 번민에 빠진 한 젊은이를 인도하려는 한 치의 오차도 없는 주님의 섭리라고 고백한다. 여기서 그는 비행기가 빨리 떠나게 해 달라고, 가족이 도착 시간 전에 미리 나와 있게 해 달라고 기도하지 않는다. 두 사람은 존귀하신 하나님의 손길과 섭리를 믿는다는 점에서 동일하다. 윌킨슨은 자기 스케줄을 위해서 다른 사람의 시간표를 엉망으로 만들 수도 있는 기도를 천연덕스럽게 하고 그것을 하나님의 뜻이라고 주장한다. 아니, 어떤 하나님이 윌킨슨을 존귀하게 하기 위해서 많은 사람이 타고 여행하는 비행기를 멈추게 한단 말인가? 반면 이재철 목사는 하나님의 시간표에 자신을 맞춘다. 그 시간표에 따라서 만나게 된 한 젊은이를 돕는다. 이처럼 그는 "비성경적이고 그릇된 모든 인습이나 구습으로부터의 자유, 그리고 성경을 통하여 하나님께서 요구하고 계시는 교회로의 회복"「회복의 목회」, 65.을 외치며 그렇게 행동한다. 믿음이란 하나님의 말씀에 대한 믿음이요, 말씀에 대한 믿음은 반드시 말씀대로 사는 삶을 수반한다.「참으로 신실하게」, 18. 그리스도인에게 절대 가치는 말씀대로 사는 삶이다. 욕망대로 살지 않는다.

하지만 말씀대로 산다는 것은 대가를 요구한다. 말씀 때문에 최고와 최대가 되려는 꿈, 성공을 포기하는 경우가 생긴다. 그리스도인이 추구해야 할 가치는 최고와 최대가 아니라 영원이기 때문이다. 영원을 구하는 삶에게 성공은 배격해야 할 우상이며, 얼마든지 실패할 수 있다는 것을 겸허하게 수용해야 한다. 세상의 경제 논리로 보자면, 예수와 바울의 삶 모두 실패라고 말할 수밖에 없다.「참으로 신실하게」, 235-40. 그래도 우리는 크리스천이다. 크리스천이기 때문에 실패할 수 있으며, 성공과 실패와 상관없이 "크리스천은 살아도 주를 위하여 살고 죽어도 주를 위하여 죽는 사람들"「청년아」, 62.이다. 상대가 무례하게 행해도, 성공과 승리의 가망이 보이지 않아도 우리는 크리스천이기 때문에 크리스천답게 행동해야 한다.

그럼에도 하나님의 본질에 신실하기 보다는 성공과 맘몬의 이름을 섬기는 한, 우리는 하나님을 부인한다. 하나님께 순종하기보다 이용하려 한다.

> 성장제일주의와 최고최대주의로 인해 말씀이 왜곡되고 있다. 황금만능주의와 세속주의에 의해 왜곡되고 있다. 뿌리 깊은 기복주의로 인해 왜곡되고 있다. 이기적인 개교회간의 무한 경쟁으로 왜곡되고 있다. 교회의 폐쇄적인 조직 논리에 의해 왜곡되고 있다. 직업적인 교역자에 의해서뿐만 아니라, 교회 안팎의 삶이 표리부동한 교인에 의해서도 말씀이 왜곡되고 있음은 물론이다. 한 마디로 한국 교회의 역사 또한, 물론 신실한 말씀의 증인도 적지 않았지만, 그 큰 흐름이 왜곡의 역사였음은 아무도 부인할 수 없다. 「인간의 일생」, 171.

하나님을 하나님으로 인정하는 것은 우리가 말씀대로 사는 것 외에는 어떠한 방법이 없다. 하나님을 하나님 되게 하라는 슬로건은 지금도, 언제나 유효하다. 참된 구도자는 자신을 변화시킬 뿐, 하나님을 통제하지 않는다.

구도자는 자기를 부인한다

영원의 진리를 이미 맛본 자는 현상의 세계를 게걸스레 탐식하지 않는다. 도리어 걸림돌로 여긴다. 소멸하는 세계에서 불멸하는 영원을 꿈꾸는 자는 반드시 눈에 보이는 세계가 허상임을 직시한다. 이런 것들은 마치 투우가 자기 죽을 줄 모르고 투우사가 흔들어 대는 붉은 깃발에 피가 끓어 날뛰다가 쓰레기 더미에 내던져지는 꼴이다. 욕망뿐만 아니라 욕망하는 자아 역시 안개와 같다. 믿음은 눈에 보이는 것을 부인하는 데서 시작한다. 교회와 신자는 "궁전을 구축하는 곳이 아니라, 저마다 집착하고 있는 자기 욕망의 궁전을 허무는 곳이다."「인간의 일생」, 8. 실제로 이재철 목사가 사용하는 예화는 자기 성취의 자랑을 하나님의 은혜인양 포장하는 여느 목사들의 예화와 판이하다. 그는 자기 욕심을 따라, 세속의 논리를 따라 살려는 청년들을 도리어 절망하게 한다. 자기 논리의 포기 속에서 주님의 뜻을 발견한다.

그렇다면 스스로 부정해야 할 자기는 누구인가요? 성서는 자아 자체를 근본적으로 부정하지 않는다. 그리스도교에게서 언제나 문제되는 것은 자아의 자리 또는 방향에 있다. 바울은 인간을 몇 가지 단어로 표현한다. 하나는 '프뉴마'로 영혼을 가리킨다. 다른 하나는 '사르크스'로 육체를 말한다. 마지막으로 '소마'인데, 이것은 몸이라고 번역할 수 있다. 바울에게서 이 세 단어는 한 실체를 지시한다. 모두 인간을 의미한다. 인간의 요소로서 영과 육의 이분법은 그의 안중에 없다.

그렇다면 왜 바울은 다른 용어를 사용할까? 인간이 주 안에 있으면 그는 영생을 누리는 프뉴마다. 하지만 사람이 세상과의 관계 속에서 살아간다면, 그는 사르크스이다. 썩어 없어질 존재에 불과하다. 바울은 한 존재를 하나님과의 관계에서는 프뉴마로, 세상과의 관계 속에 있는 인간을 사르크스라고 표현했고, 이 양자를 통칭하여 소마라고 했던 것이지요. 인간이 하늘을 향하고 있는지 아니면 땅의 것을 구하며 사는지, 눈에 보이지 않는 영원을 소망하는지 아니면 눈에 보이는 허욕을 갈망하는지에 따라 그는 프뉴마가 되기도 하고, 사르크스가 되기도 한다. 이것이 의미하는 바는 기독교가 부정하는 자아는 자아의 실체가 아니라 방향 또는 중심에 있다는 것이다. 따라서 자기 부인이란, 사르크스의 지양이자 프뉴마의 지향하는 소마가 되는 것이다.

이를 청년들 사이에 논쟁이 되었던 고지론과 미답지론에 적용해 보도록 하자. 이재철 목사에게 중요한 것은 신자의 위치와 지점이 아니라 중심이다. 우리가 어디에 서 있는가의 문제도 중요하지만, 왜 그 자리에 서 있는가가 더 중요하다. 낯선 이교도의 땅, 사로잡힌 땅, 바벨론 강가에서 다니엘은 고지에서, 에스겔은 미답지에서 하나님과 민족을 섬겼다. 낮은 곳에 서 있어도 그의 중심이 하나님에게 있지 않으면 그는 사라질 사르크스에 불과하다. 높은 곳에 올라도 그가 지향하는 바가 하나님 안에 있다면 그는 프뉴마이다. 어느 곳에서라도 하늘을 향해 기도의 창을 내는 청년이라면, 그는 영과 육이 통합된 소마, 곧 하나님의 몸인 것이다.

그러면, 무엇을 부인할 것인가? 하나님이 아닌 것을 하나님보다 더 사랑하는 것이다. 2,000년 전 주님을 찾아왔던 청년은 오늘을 사는 청년의 자화상이다.

> 우리는 모두 하나님보다 더 신뢰하는 그 무엇인가를 지니고 있다. 그것이 돈일 수도 있고, 지식일 수도 있으며, 특정 인간일 수도 있고, 자신의 힘과 능력일 수도 있다. 우리는 그것과 하나님을 동시에 섬기기 위해, 실제로는 하나님보다 그것을 더 섬긴다는 사실을 애써 외면하면서, 온갖 열심을 다 한다. 하지만 아무리 열심을 다한들 부족한 한 가지를 행하지 않으면 안 된다. 하나님보다 더 귀히 여기는 바로 그것을, 하나님보다 그것을 더 신봉하려는 자기 자신을 '베레스 웃사' 하는 것이다. 「인간의 일생」, 203.

> 그렇다. "오늘 이 시대는 투사를 요구하지 않는다. 오늘 이 시대는 진실한 신자를 요구한다. 진실한 신자만이 누가 보든 보지 않던, 용기 있게 주어진 생명의 몫을 다하기 때문이다. 하나님은 그런 용기의 사람을 통하여 이 땅의 역사를 바꾸어 가신다. 「청년아」, 167.

구도자는 이웃을 위해 존재한다

교회의 존재 이유는 인간의 변혁에 있다. 에베소서는 새 인간의 창조라고 선언한다. 새로운 인간은 고립된 개인이 아니라 더불어 사는 공동체이다. 이 관계 속에서 신앙이 표현되고 분출된다. 구도자라도 이 관계로부터 결코 자유롭지 못하다. 그리스도교의 구도자는 다른 공간을 차지하거나 외적인 간격을 확보하지 않는다. 구도자는 공간과 거리가 아니라 내면의 중심과 지향 속에서 빛을 발하는 법이다. 기독교 신학에서 초월은 현실 도피가 아니라 현실을 다른 시각으로 본다.

하나님과 나의 만남은 너의 배제가 아닌 나를 매개한 우리의 만남이 되어야 한다. 그런 점에서 이재철 목사는 하나님 앞에서 고독한 구도자의 모습을 취하지만, 너를 배제하지 않는다. 하나님을 하나님으로 존중하는 자는 이웃을 인정한다. 하지만 온갖 신념이 자유롭게 소통되는 다종교, 다문화 사회에서는 충돌이 불가피하다. 갈등이 불거지는 것이 어쩔 수 없다고 해도, 피할 수 있는 경우도 허다하다. 예컨대, 오늘 우리 사회에서 벌어지는 기독교와 일반 사회와의 갈등과 충돌은 대개 복음의 본질에서 비롯된 것이라고 말하기에 미심쩍다. 타종교와의 갈등이건, 사회 정치적 충돌이건 간에 화해할 수 없는 신앙의 차이, 즉 진리의 대립이 아니라 신념의 대립일 따름이다. 눈살을 찌푸리게 하는 것은 어처구니없이 무례한 기독교인들의 행동 양식이다. 더 우려되는 것은 그 표현 방식이다. 물리적 힘과 폭력을 동원해서라도 자기주장을 관철하려는 권력에의 의지 앞에서 십자가는 그저 포개어 놓은 두 개의 작대기에 불과하다.

최소한의 시민적 소양도 갖추지 못한 교인들의 모습에 세상은 고개를

절레절레 흔든다. 사소하게는 공공장소에서 신발 하나 제대로 벗어 놓지 않는 모습에서, 선교 여행 중에 대한항공 기내용 담요를 버젓이 들고 오는 모습에서, 성지 순례 중에서 세금을 내지 않고 보석을 들여오려는 모습에서, 비행기 승객으로 지켜야 할 예절을 스스럼없이 어기는 모습에서, 아이들이 호텔에서 요란하게 뛰어 다녀도 아무도 제재하지 않는 부끄러운 모습에서 우리는 타인에 대한 예의범절을 갖추는 것이 더불어 사는 법이면서도 신자의 덕목이라는 점을 배우게 된다.「인간의 일생」, 85-92.

이재철목사의 설교가 단지 개인 윤리에만 국한하지 않는다. 그는 역사의 지평으로 시선을 확장한다. 분명 교회는 세상에 속하지 않는 하나님의 것이다. 교회의 거룩함은 세상과의 분리 속에서, 즉 거리를 많이 확보하여 얻어지는 것이 아니다. 교회는 교회의 본질에 의해서 세상과 구별되며, 세상을 전복한다. 교회란 본시 어두운 세상과 분명하게 대조되는 대안 공동체이다. 그렇다면, 청년 그리스도인들의 역사 참여는 세상의 것과는 다름에 틀림없다. 나라 사랑에도 그리스도의 향기나 절로 우러나는 법이다. 그는 잘라 말한다. 크리스천이 말하는 애국은 세상의 애국과 다르다고.

현해탄 저쪽 일본 사람들은 이토 히로부미를 근대 일본의 기틀을 만든 위대한 애국자로 추앙하여 일본 지폐에 그의 얼굴을 새겨 넣기까지 하였다. 그러나 현해탄 이쪽 한국인들에게 이토 히로부미는 우리나라를 강탈했던 원흉이다. 이토 히로부미를 저격한 안중근 의사가 우리나라에서는 애국지사로 존경받지만, 일본인들에게는 그들의 영웅을 죽인 폭도일 뿐이다. 만약 이런 것이 애국이요 애족이라면 이것은 결코 크리스천들이 추구할 애국 애족일 수는 없다. 시간과 공간에 따라 그 의미가 달라지는 애국 애족은 크리스천들의 추구 대상이 아니다. 왜냐하면 크리스천들은 영원한 진리를 추구하는 사람들이기에, 영원한 진리의 기초 위에서 추구하는 애국 애족이란 어떤 시간과 공간에서도 그 의미가 달라질 수 없기 때문이다.
「청년아」, 103-04.

이 대목에서 요한과 바울의 모습을 보게 된다. 그들은 복음을 인간의 혈통과 전통에 제한하지 않는다. 하나님의 구원사는 특정 민족에 얽매이지 않는 보편적인 것임을 보여주었다. 그랬기에 바울이 유대인들로부터 말할 수 없는 고통을 당했던 것이다. 또한 지나치게 편협한 이기적인 민족주의는 일종의 우상숭배라는 것을 나치의 역사는 증명한다.

이 세상을 변혁하려면 어떻게 해야 할까? 예수쟁이들이 예수의 가르침을 믿고 살면 된다. 그분의 가르침대로 살지 않으면서도 스스로 그리스도인이라고 자처하는 명목상의 신자로는 세상을 변혁할 수 없다. 자기를 변혁하는 자만이 세상을 변혁한다. 교회가 변화된 하나님의 공동체로 산 위에 우뚝 설 때에 세상은 그리스도를 보게 될 것이다. 따라서 그리스도인의 과제는 십자가의 삶을 살아내는 것이다. 이 삶을 통해서 보이지 않는 하나님을 보게 한다. 만약 우리 속에서 그분을 볼 수 없다면, 이 세상의 그 누구도 주님을 볼 수 없다. 청년들이 그를 가장 잘 아는 삶의 현장, 곧 가정과 일터에서 크리스천으로 살아가지 않는다면 교회에서의 경건은 연기에 지나지 않는다. "연기로는 결코 이 세상을 변화시키지 못한다."「참으로 신실하게」, 227.

이처럼 "입으로 고백은 하면서도 자기 부인과는 전혀 동떨어진 채, 세속적 사고방식에 젖어 이기적인 기복주의자로 살아가는 현재의 그리스도인으로 살아서는 전 국민의 25퍼센트가 아니라 100퍼센트가 교회에 다닌다고 할지라도 이 세상은 새로워지지 않을 것이다. 도리어 그 같은 우리로 인해 세상의 어둠과 혼란이 가중될 뿐"「내게 있는 것」, 58.이다.

흔들리는 욕망의 바다에서

　세상은 원래 그렇다고 하더라도, 교회마저 황제의 논리, 세속의 논리에 사로잡혀 주님의 논리를 저버린다는 것은 참으로 끔찍한 자기 배신이 아닐 수 없다. 이 세상에서 우리는 끊임없이 적당히 살라는 유혹을 받는다. 흔들리는 대로 자신을 맡기라고 부추긴다.「인간의 일생」, 338. 그 정도면 됐으니 알맞게 하라고 은근히 압력을 넣는다. 더 나아가 적당하게 살지 않고 꼿꼿하게 살려고 애쓰는 것을 불편해 한다.
　이 목사가 청년들에게 요구하는 것은 간단하다. 우리가 말하는 대로 행동하라는 것이다. 그리스도의 삶이 없이는 그리스도의 말씀은 결코 들려지지 않는다. 우리는 흔히 세상을 믿는 자와 믿지 않는 자로 구분한다. 하지만 그리스도는 말씀을 따라 산 자와 그렇지 않은 자로 구별한다. 잣대는 말씀에 대한 순종이다. 눈에 보이지 않는 것을 위해 자신을 희생한 삶과 눈에 보이는 욕심을 따라 자신과 이웃의 생명을 깎아 먹고 산 것으로 가늠한다. 신자와 불신자의 이분법이 아니라, 예수를 위해 자신을 판 자와 자신을 위해 예수를 판 자의 구분이다. 신자는 세상이란 원래 그렇고 그런 것이라고 말하라고 부름을 받은 자가 아니다. 그렇고 그런 세상에서 그렇지 않은 삶을 살겠다고 결단하는 자다. 자기의 욕망을 따라 산 자와 하나님의 말씀을 따라 산 자는 영원을 달리한다.
　오늘의 청년 그리스도인이 하나님의 쓰임을 받는 사람은 군중이 아니라 깨어 있는 한 인격이라는 것을 기억한다면, 역사의 지평을 뒤흔드는 인간으로 일생을 하나님께 드리고자 한다면, 자신의 인생을 자신과 이웃, 그리고 하나님을 위해 현존하는 미래가 되고자 한다면, 살아 있는 동안 지금부터 진짜 크리스천으로 살고자 한다면, 욕망의 바다에서 영원의 길을 찾는 구도자가 되기를 결단한다면, 그는 반드시 말씀을 사모하게 될 것이며, 구도의 여정에 동반자로 이재철 목사와 그의 청년 서신을 사랑하게 될 것이다.

이재철 목사의 저작들 / 홍성사

함께 읽을 책

| "신앙의 강화냐, 신앙의 심화냐!"

《기독교사상》 556호(2005년 4월) : 146-161 / 정용섭
속 빈 설교 꽉찬 설교 / 정용섭 / 대한기독교서회 / 2006

　월간 《기독교사상》에 "설교비평, 멀지만 가야 할 길"을 연재하는 정용섭 목사의 날카로운 촉수에 이재철 목사가 딱 걸려들었다. 그가 본 이재철 목사는 부정과 긍정의 변증법을 구사한다. 끊임없이 자기에게 절망하면서 그 종착지는 예수 그리스도를 통한 보다 큰 긍정에 도달한다는 것이다. 회심사건이라는 실존적 경험을 통해 자기 부정은 자기 욕망의 부인인 동시에 그리스도 안에서 승화되어 새로운 희망을 얻게 된다.
　정용섭 목사는 크게 두 가지 비판을 하는데, 나로서는 영 동의가 되지 않는다. 하나는 이재철 목사의 설교에 교회력이 실종되었다는 것이다. 그가 비평하는 모든 목사들의 설교에 공평하게 적용하는 잣대가 아니고, 몇몇 설교자에게만 비판의 잣대로 사용한다. 그리고 내가 속한 교단은 역사적으로 교회력을 가르치지 않는다. 한번은 감신대의 이정배 교수가 강연을 하러 와서는 깜짝 놀란다. 그때가 종교개혁주간인데, 종교개혁에 관한 그 흔한 플랜카드 하나도 없느냐는 것이다. 필요하고도 중요한 전통이지만, 그것으로 설교를 평가하는 기준으로 삼는 것은 무리다.
　다른 하나는 연속 강해 설교를 하면서도 텍스트가 침묵한다는 것이다. "직설

적으로 표현하면 그것은 교양강좌, 혹은 신앙강좌"(156)여서, 성경 이야기보다 일상의 감동적인 일화만이 범람하는 것은 주일 설교로서는 자격 미달이라는 것이다. 사실 나는 이 부분에 얼마간은 동의한다. 내가 보기에도 텍스트보다 컨텍스트에 집중하는 경향이 뚜렷하게 보였으니까.

그렇다면 왜 나는 이 부분에 침묵하고 비판을 가하지 않았는가? 그 이유는 내가 이재철 목사를 좋아한다는 개인적 편견이 얼마간 작동한 탓도 있다. 그러나 더 중요한 것은 그만큼 일관된 정신과 철학을 갖고 설교하는 이가 드물기 때문이다. 욕망의 바다에서 허우적대는 한국교회와 성도들을 향한 그의 정갈한, 목소리가 너무 고맙기 때문에 비판을 자제했던 것이다. 정용섭도 인정하듯이 약점이 이재철 목사가 이룬 목회와 설교의 약점을 크게 훼손하지 않는다고 보았다(160). 하여간에 이재철 목사의 설교와 글을 이해하는 데 도움이 될 글이다.

| 매듭짓기
이재철 / 홍성사 / 2005

이 책은 "세파에 꺾이지 않는 진리의 매듭을 지닌 크리스쳔"이라는 부제를 달고 있다. "대나무의 강함은 높이가 아니라 매듭에서 비롯"되듯이 거친 격랑이 시종일관 밀어닥치는 세상 한 복판에서 예수를 따르는 자로 살기 위해서 우리가 무엇을 매듭짓고 살아야 하는지를 들려준다. 사는 것과 죽는 사생의 매듭, 하나님의 자녀에 어울리는 수준의 삶을 사는 매듭, 직장과 돈을 관리하는 경영의 매듭, 살아가면서 쌓이는 관계의 매듭을 풀어가며 살라는 인생의 매듭이다.

저자의 의도인지는 몰라도, 순서를 유심히 들여다보면 참으로 의미 있는 정렬이다. 먼저 예수를 믿고 거듭나야 사생의 매듭을 지을 수 있을 테고, 예수를 믿는 자에게 요구되는 그리스도라는 옷을 입고 사는 삶, 복음에 합당한 삶을 살아야 우리 주님 아주 기뻐하실 것이다. 그리고 예수 믿는다는 것은 곧 예수님을 내 주인Lord으로 고백하고 모시는 것인데, 예수님의 주님되심에 가장 강력한 도전자이자 라이벌인 돈의 영역에서 하나님이 쓰시는 도구가 되어야 참 제자일 테고, 그렇게 살아가는 삶의 연한과 연륜이 쌓일수록 켜켜이 쌓이는 것은 앙금과 앙심, 편견, 미움일 테니 그것들을 매고 푸는 것이 신앙과 인생의 향기일 것이다.

 신자의 삶이 성장하는 과정에서 빼먹을 수 없는 중요한 매듭이 무엇인지를 이 책을 통해서 알게 된다. 그리고 이렇게 적어도 네 번의 매듭을 분명하게 짓게 될 때, 참으로 시류에 흔들리지 않을 것이고, 세파에 꺾이지 않을 것이고, 탁류를 거슬러 올라 갈 것이다. 그 매듭들이 날마다 새로운 새날, 새해가 엮어질 것이다. "주님을 믿는 크리스천답게 살기 위해, 우리가 이 땅에서 맺어야 할 매듭이 무엇인지 깊이 곱씹어 볼 기회를"(246) 선사할 것이다.

| 압살롬, 뒤틀린 영성의 길

조호진 / 홍성사 / 2002

 영성과 다윗에 관한 말과 글이 넘쳐난다. 다윗의 영성이야말로 성서를 통틀어 그의 이름이 가장 많이 언급된다는 것부터, 그가 왕으로 오신 예수님의 조상이요 모형이라는 점에서 배워 마땅하다. 하지만 진 에드워드가 「세 왕 이야기」에서 감동적으로 묘사했듯이, 우리 안에는 다윗만이 있는 것이 아니다. 우리가 외면하는 또 한 사람이 있다. 바로 압살롬이다. 자기 성취라는 뒤틀린 영성을 철저히 파악하지 않으면 다윗의 자기 부인의 영성에 이르지 못한다.

 나는 이 책보다도 저자인 조호진을 읽어볼 것을 권한다. 외국의 좋은 작가들이 즐비한 것이 사실이고, 아직 우리의 글쓰기의 깊이나 사유의 힘이 그들에게 미치지 못한 현실을 감안한다면, 감탄을 자아내는 그의 문장과 사유에도 불구하고 그다지 많이 알려지지 않은 것이 이상할 정도다. 이토록 영롱한 언어를 자유롭게 활용한다는 것은 그만큼 그의 영혼이 맑고 아름답다는 것이리라. 뛰어난 문장과 감미로운 언어를 구사하는 그의 문장을 직접 읽어보면 제 말이 결코 헛말이 아니라는 것을 알게 될 것이다.

 "하나님이 주시는 비전을 품기보다는 자신이 세우는 목표만이 가득한 세대, 하나님의 역사하심을 기다리는 믿음보다는 인간적으로 탁월한 전략을 추구하는 세대, 하나님의 선물을 고대하기보다는 성취욕과 성취감을 탐닉하는 세대, 바로 그런 세대인 우리들을 향해 압살롬은 수많은 이야기를 던져주고 있다. 자기 스스로 왕이 되려 했던 압살롬의 모습을 보면서, 여전히 마음의 왕좌에 자신을 앉혀놓은 채 불순종하고 있는 우리 자신의 모습을 볼 수 있어야 할 것이다."
(162-163)